외국인이 마주한 한국인

한국어와 한국학 교육 이야기

외국인이 마주한
한국인

한국어와 한국학 교육 이야기

노정화 지음

이 책은 한국에서 외국인들이 한국인과 한국 문화에 대해 인식하는 특징을 서술한 전문서적이다. 어려운 전문서적이 아닌 남녀노소 불문하고 누구나 쉽고 재미있게 읽을 수 있게 구성하였다. 이 글은 동일한 언어를 사용하면 동일한 민족 정체성을 확립한다고 보는, 일부 민족주의 학자들의 이론 전제하에 한국어를 하는 외국인을 더 이상 외국인이 아닌 한국인을 대하듯 서로 존중하며 지내자는 취지로 쓰게 되었다. 한국이 문화 선진국으로 성장하기 위해서는 한국어를 하는 외국인을 사회의 한 구성원으로 여기며 차별하지 않는 태도를 알려주고 싶다. 또한 저자가 2016년부터 한국어와 한국 문화 강의를 하며 100여 개국의 외국인 학생들을 만나며 경험한 내용을 바탕으로 이 글을 써 내려가고자 한다.

필자는 지금까지 100여 개국의 다양한 연령대(19~70세)의 외국 학생들에게 한국어, 한국 문화, 한국 역사 등과 관련된 한국학을 강의하였다. 외국 학생들을 대상으로 강의하면서 그들과 소통하는 과정에서 그들이 한국과 한국인에 대해 어떻게 생각하는지 알 수 있는 계기가 되었다. 대부분의 외국 학생들은 한국 문화에 대해 긍정적이지만, 긍정적인 만큼 상처를 받기도 한다. 그래서 필자는 이 책을 통해 이러한 외국인들이 겪는 경험을 많은 한국 사람들과 나누어, 우리나라 사람들이 한국을 방문하는 외국인들에 대한 인식이 긍정적으로 변화하는 데 도움이 되었으면 한다. 그리고 한국인들이 좀 더 열린 마음과 국제적인 태도로 외국인들을 맞이하였으면 한다.

물론 지금의 한국인은 세계화 시대에 맞는 열린 태도를 취한다고 생각한다. 하지만 가끔 외국인의 입장에서는 한국인이 외국인을 모른 척한다든가, 관심 없는 척한다든가, 무시한다고 생각한다. 이는 서로가 제대로 소통하지 못한 상황적인 이유에서일 수도 있고 정확한 정보를 확인하지 못해서일 수도 있다. 이 책을 통해 서로의 오해를 풀고 한국인들은 외국인들에게 가벼운 눈인사를 할 수 있을 정도의 열린 태도를, 외국인들은 한국인들의 문화를 더욱 이해하는 계기가 되었으면 하는 것이 이 글을 쓰게 된 목적이다.

또한 한국에서 외국인들이 당황해하고 한국에 대한 부정적인 인식을 가지는 경험에 대해 써보았다. 한국인의 입장에서는 의도하지 않았던 행동들이 외국인들 입장에서는 상당히 불쾌하고 무례하다고 생각했을 수도 있다. 현재 사회에서도 여전히 과거와 마찬가지로 문화 교류의 불통을 느끼는 경우가 있다는 것을 인지하고 개선해 나갈 방향을 찾는 것이 중요하다.

하지만 이것은 특별한 경우가 아니라 사람 사는 세상에는 당연히 이런 일이 일어날 수 있다고 생각한다. 단지 문제가 발생했을 시, 올바른 방향으로 해결해 나가는 것이 한국인으로서의 제대로 된 태도를 갖춘 것이라 생각한다.

외국 학생들이 한국에서 상처를 받거나 한국에 대해 부정적인 인식을 가지게 되는 경험을 할 때마다, 한국인인 필자 역시도 다시 한번 외국인을 대하는 태도에 대해 생각하게 되었다. 필자의 학생들은 필자에게 많은 깨달음을 주는 스승이라고 말하고 싶다. 그들을 통해 세상을 다시 보는 계기가 되기 때문이다. 또한 그들은 필자에게 익숙한 한국이라는 나라에 대해 제3의 시각, 제4의 시각과 같은 다각도의 한국을 바라보게 해준다. 특히 이 책은 한국인으로서 필자와 외국 학생들과의 일화를 바탕으로 구성되었다. 각 장의 주제는 다르지만 공통적으로 외국인의 한국 문화와 한국인에 대한 인식을 엿볼 수 있다. 이 책을 엮어가며 필자의 역할에 대해 다시 생각해볼 수 있는 기회가 된 것 같다.

이 책의 구성은 대표적인 에피소드 30가지를 크게 5부로 나누었다. 각 에피소드에서 중심이 되는 문장을 주제의 제목으로 선정하였으며 이 에피소드 안에 외국인들의 시각에서 보이는 한국인들과 한국 문화에 대해 서술하였다. 제1부에서는 마음에 들어가는 한국이라는 제목으로 한류를 계기로 세계인이 한국어를 배우기 시작한 것에 대한 주제를 다루었다. 제2부에서는 아집이 남은 한국이라는 제목으로 한국에서 외국인들이 겪은 불편한 상황에 대해 묘사하였다. 특히 외국인이 한국인을 만날 때, 외국인에게 영어로 말하는 한국인에 대한 오해도 서술해 보았다. 이러한 에피소드를 통해 외국인들의 생각을 통해 한국인으로서 보여야 할 태도도 정리하였다. 다음으로는 한국에서 한국어를 하는 외국인을 만나면 어떻게 대해야 하는지에 대해 필자의 경험을 바탕으로 필자가 추천하는 태도에 대해 에피소드별 주제를 선정하여 서술해 보았다. 그리고 한국어를 하는 외국인을 인정하면 우리나라에 어떤 긍정적인 영향을 미치는지에 대해 서술해 보았다. 한국에서 한국어를 배우고 자국으로 돌아갈 때, 한국에 미치는 미래 잠재적인 가치와 이익과 관련하여 생각해 볼 수 있다. 제3부에서는 맛으로 보는 한국이라는 주제로 외국인들이 겪은 한국 음식과 관련한 에피소드를 나열하여 이들이 한국 문화를 이해하는 특징에 대해 논하였다. 제4부에서는 희한스러운 한국이라는 주제로 외국인들이 한국인에 대해 특이하다고 생각하는 부분에 대해 살펴보았다. 이 부분에서 외국인들이 한국인에 대해 갸우뚱하게 생각하는 부분이 다소 많이 있다는 것을 알게 될 것이다. 마지막 제5부에서는 신통방통한 한국이라는 제목으로 외국인들이 한국에 대해 높이 평가하고 훌륭하다고 여기는 부분을 정리하였다. 한국에 오는 외국인들은 일반적으로 케이팝(K-pop), 한국 음식, 한국영화와 드라마, 케이 뷰티(K-beauty)와 같은 한국 문화를 사랑한다. 이런 외국인들이 한국인을 동경함으로써 세계 무대에서 한국의 위상이 많이 높아져 있음을 알 수 있다.

이렇게 외국인들이 한국을 사랑하는 모습을 보고, 문화와 언어라는 공통점만으로도 한국이라는 타국에 대해 외국인 자국의 문화보다 더 사랑할 수 있다는 것을 깨닫게 되었다. 그래서 비록 내국인과 외국인이라는 차별점이 있지만 한국문화를 사랑하는 공통점으로 한국에 대해 동일한 공동체 의식을 가질 수 있다는 것을 민족주의와 관련지으면서 이 책을 집필하게 되었다. 언어와 문화는 민족을 구성하는 요소이지만 사실 같은 언어와 문화를 공유한다고 같은 민족이라는 말은 민족주의 이론에 어긋나는 말일 수 있다. 하지만 한국어를 하는 외국인이라는 부분에서 언어라는 요소와 한국에 사는 외국인이지만 한국 문화와 언어를 사랑하고 동일한 문화를 공유한다는 의미에서 이들과 한국 민족과의 관계에 대해 다시 생각해볼 필요가 있다. 더욱이 한국의 외국인 귀화정책은 더욱 이러한 저자의 주장을 뒷받침해 주는 근거가 된다. 이들이 귀화하려면 일반귀화의 요건 중 하나가 한국인귀화시험을 치러 통과하는 것을 근간으로 한다. 즉 외국인이 귀화하려면 국어 능력과 대한민국 풍습에 대한 이해와 같은 한국 문화를 이해하는 등, 대한민국 국민이 가져야 할 기본 소양을 갖추고 있다는 것을 기본 요건으로 하고 있다. 이 시험에서는 한국 정책과 상황, 한국의 역사와 지리 등 한국에 대한 전반적인 것에 대해 필기고사를 본다. 그리고 한국어로 한국인이 관심을 가져야 할 분야와 알아야 하는 사항에 대해 구술시험을 보는데, 이러한 영역은 한국인도 쉽게 풀 수 있는 문제는 아니다. 이러한 전반적인 한국에 대한 문제를 알고 있는 외국인이 있다면 한국인인 우리가 이들을 존중하고 한 이웃으로 받아들여야 하는 건 아닐까라고 생각해 본다. 외모가 한국인이 아니라는 이유로 차등을 하기보다는 이들의 내면에 존재하는 한국에 대한 사랑을 확인하면 좋겠다.

지금까지 서술한 바와 같이 인종을 떠나 언어와 문화를 공유하고 이를 통해 동질감과 유대감을 가지는 공동체의 큰 집단을 동일한 민족이라고 주장하는 학자들도 많다. 다시 말하지만 "외국인이 한국어와 한국 문화를 경험하고 공유하여 한국 민족이 된다."라는 주장을 하는 것이 아니라 한국 문화를 경험하고 한국어를 하는 외국인을 존중하는 태도를 가지자는 것이다. 특히 코로나 팬데믹을 겪고 닫힌 민족주의를 각 국가가 보여준 만큼 다시금 열린 민족주의 태도로 한국을 사랑하는 외국인들을 받아들여야 한다.

이 책을 구성할 때 많은 분이 도와주셨다. 특히 이 책을 구성하는 계기가 된 다국적 학생들에게 진심으로 감사한 마음이다. 이 책을 쓰기로 마음먹게 된 계기는 필자의 한국학 강의 일화를 듣고 너무 재미있어하는 친구들과 주변 선생님들이 많았기 때문이다. 그래서 그분들이 한번 책으로 출판을 해보면 좋겠다고 아이디어를 주셨고, 필자도 이런 아이디어에 영감을 얻게 되면서 집필하게 되었다.

필자가 책을 쓴다고 했을 때, 아낌없는 의견을 내어준 필자의 학생들과 동료 선생님들과 교수님들께 감사함을 전하고 싶다. 또한 한결같이 아껴 주시고 사랑해 주신 부모님과 가족들에게 감사함을 전하고 싶다. 그리고 이 책을 출판할 수 있게 도와준 출판사 관계자분께 감사함을 전한다.

특히 세상에서 제일 존경하는 아버지께 이 책을 선물 드리고 싶다. 저자가 교육자로서 소명을 가지게 된 이유도 교육자이셨던 아버지의 영향이 가장 컸다. 항상 높은 곳만을 보는 것이 아니라 낮은 곳도 볼 줄 아는 남을 헤아리는 사람이 되어야 한다고 늘 말씀해 주신 아버지의 조언 덕분에 많은 학생을 공평하게 대하고 지혜롭게 교육할 수 있는 법을 터득하게 되었다. 또한 교수자로서 그들에게 긍정적인 영향을 주도록 노력하게 되었고 그 덕분에 학생들에게 인정받는 교수자가 된 것 같다.

이 책을 통해 한국인들이 한국에서 한국어와 한국 문화를 사랑하며 지내는 외국인들을 대하는 태도가 좀 더 관대해지기를 기대해 본다. 그래서 많은 외국인이 한국 문화와 한국인에 대해 오해를 줄이는 계기가 되었으면 한다.

목 차

제5부 : 　　　　　　　　　　　　신통방통한 한국

제1부

마음에 들어가는 한국

01

세계인이 한국어를
배우기 시작했다

첫 장에서는 국적을 초월한 다양한 외국인들이 한류를 접하고 나서 한국어를 배우고 싶어 하는 진풍경을 이야기해 보고자 한다. 이와 아울러 한국어 학습과 케이팝의 영향에 대해서도 서술하고자 한다. 여전히 영어는 세계적인 공통 언어다. 과거 한국인이 영어를 배우고자 영어권 국가로 유학을 간 것과 비슷하게, 현재는 동서양을 불문한 외국인들이 한국어를 배우고 싶어, 한국으로의 유학을 목표로 삼고 있다.

그리고 이들은 코리안 드림을 꿈꾸며 한국을 방문하고 자신이 꿈꿔왔던 일들이 한국에서 펼쳐질 것이라고 기대한다. 이 장에서는 이런 부푼 꿈을 안고 한국에 도착한 후, 이들이 경험하는 것에 대해 소개해 보고자 한다.

이 여자 가수를
내일 만나요?

한류라는 이야기는 미디어에서 많이 듣고 볼 수 있다. 한류란 한국의 문화, 예술, 음악, 드라마 등이 해외에서 큰 인기를 끌게 되는 현상이다. 이러한 한류현상의 시작은 1990년대 후반이나 2000년대 초반부터라고 볼 수 있다. 1997년에 방영된 드라마 '겨울연가'를 시작으로 한국 드라마가 아시아에서 인기를 얻기 시작하였고, 2002년 한일 월드컵을 계기로 한국의 음악, 드라마, 영화 등이 일본, 중국, 동남아시아 등 다른 아시아 국가들에서 인기를 얻기 시작하였다. 이후에는 케이팝을 비롯한 한국 문화 산업의 급성장과 함께 한류열풍이 전 세계적으로 확산되어 지금까지 이어져 오고 있다.

영어권 국가에서는 케이팝의 영향으로 한국어 학습에 대한 열풍이 휘몰아쳤다고 볼 수 있다. 실제로 케이팝의 세계적인 인기로 인해 한국어 학습의 인기가 상승한다는 것을 보여주는 연구들이 많다(한지혜, 2020).

국경을 초월한 한국어의 인기는 한국의 엔터테인먼트 산업, 문화, 경제적 성장 등의 영향으로부터 비롯된 것이다. 한국의 음악, 드라마, 영화 등은 전 세계적으로 많은 팬층을 보유하고 있으며, 케이팝 가수들은 미국을 비롯한 다양한 국가에서 투어를 열며, 대규모 공연을 진행하고 있다. 이런 한국 문화의 인기로 인해 한국어 교육에 대한 관심도 증가하고 있으며, 이에 따라 많은 언어 교육기관에서 한국어를 가르치고 있다. 따라서 한국어는 점점 더 세계어로 위상을 잡아가고 있다.

한국어의 세계적 위상은 나의 제자들과 외국 친구들의 이야기에서도 확인할 수 있다. 지금까지 100여 개 국가의 유학생들과 성인 외국인들에게 한국 문화와 한국어, 역사, 경제, 사회 등 한국학을 강의하면서, 국내 유입 유학생들에게 한국어를 왜 배우고 싶은지, 한국은 왜 왔는지에 대한 동기를 물어보게 되었는데, 대부분의 학생은 '한국 오빠', 즉 한국 가수나 한국 배우 때문에 한국행을 선택하게 되었다고 대답하였다.

일반적으로 외국인이 자주 사용하는 음악 스트리밍 서비스에는 Spotify, Apple Music, YouTube 등이 있다. 특히 YouTube는 전 세계에서 가장 많이 이용되는 동영상 플랫폼으로, 한국 아이돌의 인기를 측정하는 데 중요한 역할을 한다. YouTube에서는 한국 아이돌의 음악 비디오와 무대 공연 영상 등을 볼 수 있으며, 인기 차트도 제공해 준다. 2021년 9월 기준의 외국인들이 자주 시청하는 한국 아이돌과 음악 차트 순은 BTS와 BLACKPINK가 1위와 2위로 나란히 차지하였다.

외국인이라고 해서 모두 똑같은 한국 가수를 좋아하는 것은 아니다. 이들은 나라별로 인기 있는 K-가수나 K-배우도 조금씩 다르다. 필자의 강의를 들었던 학생들 기준으로 좋아하는 아이돌 가수는 BTS, BLACKPINK, EXO, TWICE, GOT7, SEVENTEEN, Red Velvet 등이다. 그중 동남아시아 여학생들에게 가장 인기 있는 아이돌 가수는 GOT7이다. 수업 시간에 GOT7 오빠 이야기를 하면 갑자기 학생들 눈에서 빛이 났던 기억이 떠오른다. 사실 필자는 음악에 무지한지라 GOT7 가수에 대해 잘 몰랐지만 학생들이 눈물을 흘린 정도로 GOT7을 좋아해서 이 가수에 대해 공부하게 되었다.

그리고 동남아시아 남자 유학생들에게 가장 인기 있는 가수는 BLACKPINK이다. BLACKPINK는 여학생들에게도 인기가 많은데 그룹 안의 어떤 멤버를 좋아하는지가 그들끼리의 경쟁이었다. 서양권에서는 한국 아이돌 가수 순위가 좀 달라진다. 유럽과 북미권에서 여학생들에게 가장 인기 있는 아이돌은 BTS이고 남학생들에게 가장 인기 있는 여가수는 아이유다. 그런데 아프리카 지역은 여전히 강남스타일의 열풍이 지속되고 있어 가수 싸이를 정말 좋아한다.

나는 이런 다양한 한국 아이돌 가수를 좋아하는 학생들을 위해 위에 언급된 가수들 노래부터 아이유의 잔소리, 싸이의 강남스타일 노래까지 다양한 장르를 바탕으로 수업을 한 적이 있다. 유학생들이 한국을 선택한 노고를 헛되이 여기지 않고, 감사한 마음을 담은 나의 작은 선물이라 볼 수 있다. 이런 과정에서 필자가 확실하게 알게 된 사실은 유학생들이 한국을 선택하고 한국에 머물게 되기까지 한국 아이돌의 역할이 크다는 것이다. 고로 나는 이런 학생들과 소통하기 위해 이들에게 영향력이 큰 한국 아이돌 가수를 제대로 아는 것이 가장 중요한 일이라 생각한다.

과거 한국의 보릿고개 시절을 돌이켜보면 세계무대에서 한국어가 점점 인기를 얻고 한국으로 유입되는 외국인이 많아질 것이라고 어찌 상상할 수 있었겠는가. 참으로 어려운 일이다. 이런 것을 기회로 삼아 외국인에게 뛰어난 한국인의 국민성과 국제적인 태도를 그들에게 보여줄 필요가 있다. 요즘은 능력뿐만 아니라 인성과 감성도 뛰어나야 하는 시대다. 무엇보다 현대인으로서 살아가기 위해서는 시대에 걸맞은 태도를 갖추어야 한다. 이러한 시대에 중요한 것은 자신이 한국인이라는 사실을 인지하고 한국에 방문하는 외국인을 손님 대하듯 존중해야 한다는 것이다.

필자의 학생 중 한 명은 대학원 소속의 늦깎이 유학생이었는데, 한국 문화와 한국어 공부를 어찌나 열심히 하는지 한국의 수험생이 생각날 정도였다. 필자는 열심히 공부하는 학생의 모습을 보고 그 학생에게 질문을 하게 되었다. "민수* 씨, 한국에 왜 왔어요?"라고 하자, 학생은 "만나요."라고 대답하였다.

그래서 나는 "누구를 만나요?"라고 하자 학생은 보물 상자에서 무언가를 꺼내듯 한국 여자 아이돌 사진을 지갑 깊숙한 곳에서 꺼냈다. 그런후, 그 여자 아이돌 사진을 가리키며 "봐요. 만나요. 어디 있어요?"라고 말했다. 외국인을 위한 강의 경력이 쌓이면 어느 유명한 점집의 왕꽃 선녀님 못지않은 눈치는 기본으로 갖추게 된다. 나는 그런 눈치로 그 학생이 무엇을 이야기하고 왜 한국에 왔는지 알 수 있었다. 그때부터 그 학생이 궁금해하는 모든 것들을 대답해 주었다.

---

* 한국에 적응한 외국 학생들은 보통 한국 이름을 작명한다. 이 학생은 어르길이라는 몽골 학생인데 자신을 '김민수'라고 불러 달라고 하였다. 보통 한국어 책에 자주 등장하는 인물의 이름이나 인터넷을 통해 자신의 한국 이름을 작명한다. 덧붙여 설명하자면 한국을 사랑하는 외국인들은 보통 한국 이름을 작명해서 가지고 있다. 여학생의 경우 김사랑, 김지현, 정교연, 남연주 등 한국의 일반적인 이름을 선호한다.

저자: "아, 민수 씨는 이 여자 가수를 좋아하는군요! 이 여자 가수의 소속 회사는 청담동에 있어요. 거기에 가면 사진도 구경할 수 있고, 시간이 맞으면 그 여자 가수도 볼 수 있어요. 콘서트에 가고 싶다면 날짜를 알아보고 예약해서 가 보세요."

민수 씨: (환하게 웃고 엄지손가락을 치켜들며 기쁜 감정을 억누르는 표정으로) "좋아요."

저자: "민수 씨는 한국에 오면 그 여자 가수를 만날 수 있다고 생각해요?"

민수 씨: (아주 밝은 미소와 함께) "네."

　저자는 민수 씨와의 대화를 통해 정말 열정적으로 누군가를 좋아해서 한국행을 선택하고 언제 만날지도 모를 한국의 여자 가수를 위해 한국어와 한국 문화를 수험생처럼 공부하는 학생을 보고 많은 생각이 교차하였다. 특별한 연인관계나 가족관계에서도 쉽지 않은 결정을, 이 학생은 자신이 좋아하는 가수를 위해 기꺼이 행복이라 여기고 다 해내는 모습이 대단해 보였다.

　6년 전 그 학생은 한국 여자 가수의 팬으로서 가나다를 시작으로 한국어를 공부했고, 지금은 그 여자 가수 팬은 아니지만 한국어를 한국인처럼 구사하며 한국에서 살고 있다. 여전히 한국을 사랑하고 얼마 전, 한국 기업에 취직해서 한국 발전에 기여하고 있다. 이 학생은 한국 사람들이 자신을 외국인으로서의 선입견으로 봐 주는 대신, 평범한 한국 사람처럼 대해 주기를 바라고 있다. 민수 씨의 사례가 떠오를 때마다 늘 함께 떠오르는 오용에르덴 씨가 떠오른다. 오용에르덴 씨는 저자의 기초한국어 강의를 들었던 학생이다. 이 학생은 한국 사람들을 무척 좋아하고 한국 문화를 사랑하기 때문에 한글학습보다 마음이 앞서서 한글학습이 준

미되지 않은 채 한국에 도착한 경우나. 이 학생이 서자의 상의를 늘었는데, 어느 날, 강의 시간에 오용에르덴 씨가 불편한 표정을 지으면서 어쩔 줄을 몰라 하고 있었다. 그래서 필자는 무슨 일인지 영문을 몰라 무척 놀란 표정으로 그 학생에게 다가갔다. 그러자 그 학생은 필자에게 자신의 휴대전화를 내밀었다. 수화기 너머에서는 중년의 한국 아저씨께서 무언가 다급하게 소리를 치고 계셨다. 그래서 필자는 그 전화를 받게 되었다.

> 저자: "여보세요?"
> 택배 아저씨: (아주 많이 화를 내면서) "아, 진짜 뭐예요? 택배 보내면서
>   몇 호라고 주소를 안 쓰면 어떡해요? 네?! 네???! 네???!!!"
> 저자: "어머 죄송해요. 우리 학생이 외국에서 온 지 얼마 안 됐어요. 301
>   호로 보내주시면 되세요."

이러한 대화를 오용에르덴 씨 덕분에 하게 되었다. 이러한 경우는 처음 한국을 방문한 만큼 가끔 발생하는 상황이다. 필자는 이 학생에게 쇼핑이 하고 싶다면, 물건을 사고 싶다면, 물건을 받고 싶다면 받고 싶은 장소의 주소를 꼭! 확실히! 끝까지! 마무리해서 잘 쓰라고 당부 또 당부하였다. 그리고 그다음 주가 되었는데 오용에르덴 씨는 또 저자를 바라보더니 다짜고짜 하는 말이 "오, 와요. 와요."라는 것이다. 필자는 또 너무 놀라 "뭐가요?"라고 하니 전화기를 내밀었다. 이번엔 다른 중년의 아저씨께서 더 화가 난 목소리로 말씀하셨다.

> 더 화가 난 택배 아저씨: (엄청 소리 지르시면서) "여보세요!!! 어떻게 할

거냐고요?? 네??"

저자: "여보세요, 무슨 일이신지요?"

더 화가 난 택배 아저씨: "아니, 착불로 보냈으면 돈을 줘야 할 거 아니에
요. 어디시냐고요?!"

저자: (수화기를 손으로 막고 오용에르덴에게 속삭이며) "돈, 돈, 돈 어떻게
해요?"

오용에르덴, 다른 학생들: "오 보내요. 보내요." (학생 모두 합창하며, 그리
고 다른 한 학생은 오용에르덴에게 고향 말로 통역까지 한다.)

저자: "여보세요. 기사님, 지금 계좌이체로 보내드릴게요. 물건은 거기 놓
고 가 주세요. 죄송해요."

    수업 중간에 이러한 대화를 또 하게 되었다. 더 화가 난 중년 아저씨
의 입장을 충분히 이해한다. 바쁘실 텐데 학생이 대답이 없고 학생이 한
국어를 못하는 걸 모르니 말이다. 이러한 상황에 애가 타는 건 이 학생도
마찬가지다. 자신이 무얼 잘못한 건지, 어디 경찰서로 가는 건 아닌지 많
이 걱정한다. 이들은 한국 문화를 배우는 과정이기 때문에 당연히 이러
한 부분이 동반되는 경우가 많다. 그래서 필자는 이러한 돌발 상황이 발
생할 경우, 학생의 한국 생활을 위해 해결을 도와주는 편이다. 물론 모든
한국어 교수자가 그런 것은 아니다. 교육관이나 가치관에 따라 그러하지
않은 교수자가 있고, 외국인 학생들을 도와주는 경우도 있다. 그리고 외
국인 학생들이 요청을 해올 경우 도와주지 않아도 되는 상황이 있고 도
와줘야 하는 상황이 생기기도 한다.

    한번은 필자의 동료 선생님이 외국 학생의 요청으로 교통사고 합의를
하러 나가신 경우를 보았다. 필자가 볼일이 있어 커피숍에 앉아 있었는

데 어디서 귀에 익은 목소리가 들려왔다. 필자의 동료 선생님이었는데, 누군가에게 심각하게 이야기하는 모습을 보았다. 이 선생님 옆에는 필자도 낯익은 외국 학생이 앉아 있었다. 선생님은 이 외국 학생 대신 반대편에 앉아 있는 한국 대학생에게 화가 난 듯 말씀하셨다. 이들의 언성이 높아져서 필자가 안 듣고 싶어도 듣게 되었는데, 요약하면 이러한 상황이었다. 외국 학생이 자전거를 타고 가고 있었는데 갑자기 누군가 뒤에서 뛰어와서 자신을 들이박았으니 합의금을 내놓으라고 한 것이다. 외국 학생은 무슨 영문인지 몰라 어리둥절해 있었고, 피해를 입었다는 한국 대학생은 치료비와 합의금을 내놓으라고 했다는 것이다. 그래서 이 외국 학생은 이 선생님께 도움을 요청했고, 이 선생님은 경찰서로 가서 사건을 접수하고 관련 CCTV를 확인해 보니 그 장소에는 한국 대학생이 말한 자전거 접촉사고가 없었던 것이다. 이에 이 선생님은 외국 학생이 피해자라는 것을 알게 되었고, 이 학생을 도와주기로 한 것이었다. 그래서 이 선생님이 필자와 반대편 자리의 커피숍에 앉아 한국 대학생과 논쟁을 벌이고 있었다. 필자도 이 선생님과 비슷한 가치관을 가지고 있어 어려운 외국 학생들을 도와주는 편이다. 게다가 필자의 경우 학부의 특수한 상황을 고려하여 교환학생으로서 한국 대학교에서 졸업을 해야 하는 이들을 챙겨줘야 하는 상황이었다.

어쨌든 다시 위의 대화로 돌아가면 오용에르덴 씨가 상황의 표현을 하지 못하자 다른 학생이 나서서 통역을 하기도 하였다. 모든 학생이 사신의 일처럼 나서서 소통하려 하였기에 상황은 종결되었지만 학생들에게 한국 문화를 교육하고 이 상황에 대한 교훈을 일깨워 주는 교수자인 필자의 일이 남았다. 필자는 이들에게 한국에서 강의 도중에 하지 말아야 할 일, 실례가 되는 일, 예의에 대해 다시 한번 강조하여 설명하게 되었다. 학생들은 필자의 설명에 고개를 수십 번 끄덕이고 그렇게 하겠다고 대답까지 하였다. 사실 이러한 설명과 강조는 자주 반복된다. 이들은 이러한 과정을 거치며 한국 생활에 적응해 가고 한국 문화를 배워 간다.

이와 같이 외국 학생들의 경험으로 많은 생각을 하게 되었다. 한국에 있는 대부분의 유학생, 외국인, 외국 관광객들은 한국에 관심이 있고 한국을 좋아해서 방문한다. 이럴 때, 우리는 무엇을 그들에게 해주면 좋을까? 물론 이들의 한국 생활 적응기는 한국인들에게 불편함을 가져다줄 수 있다. 하지만 미래의 세대를 위해서 지금 당장 우리 세대가 할 일은 이러한 이들도 이해해 주는 조금의 배려다. 그중 가장 효과적인 태도는 자국이 아닌 타국을 사랑해서 한국에서 살고 있는 외국인들에게 평범한 한국의 일상을 선물하는 것이 좋다. 이 일상은 그들이 타국에서 살아가는 데 큰 힘이 되고, 나아가 한국의 국제적 이미지도 급상승할 수 있는 좋은 기회가 된다. 위의 대학원 유학생 사례에서도 볼 수 있듯이, 여자 아이돌 팬으로 시작한 그는 이제 한국 경제에 보탬을 주는 인물이 되었다. 그리고 오용에르덴 씨는 무역사업에서 한국어로 통역을 도와주는 가이드가 되었다. 이렇듯, 유학생들의 영향력은 우리가 생각했던 것보다 훨씬 강하고 한국 사회발전에 도움이 된다고 생각한다. 우리 한국인들이 외국인을 대하는 방법은 아주 쉽다. 어려운 과제가 아니라 그들에게 한국 문화에 맞는 일상적인 인사를 동네 이웃에게 하듯, 편안하게 대해 주면 된다.

만약 길을 가다가 외국인 한 명과 마주친다고 치자. 이는 그 사람만을 상대하는 것이 전부인 것 같지만 사실은 그렇지 않다. 그 외국인에게 보통 다양한 인간관계가 형성되어 있다. 우선 한국에 머무는 유학생들의 국가별 커뮤니티가 존재한다. 국가별 커뮤니티는 목적에 따라 또 세부 커뮤니티로, 그들의 커뮤니티 정보교류의 수준은 상상할 수 없을 정도로 빠르고 광범위하다. 예를 들어 베트남 유학생이 한국인과 일어난 일을 커뮤니티에 글로 올렸다고 하자. 그 일은 하노이부터 다낭, 호이안 등 베트남 전역에 길어도 1시간 안에 다 퍼진다. 이런 현상이 선순환될 수 있도록 하자면, 한국인과의 훈훈한 이야기나 따뜻한 경험을 공유하도록 하는 것이 가장 좋다. 그들의 작은 관심은 미래 인적 가치로 따지자면 어마어마한 것이라고 생각한다.

위와 유사한 또 다른 사례를 말해 볼까 한다. 필자의 미국 제자 리아라는 친구는 고향이 버지니아인데, 2020년에 한국에 왔고, 지금 3년째 살고 있다. 여기서 사람들이 알았으면 하는 중요한 핵심은 미국 제자 1명이 한국에 왔지만 사실은 그 1명이 한국을 경험하고 있는 것이 아니라는 것이다. 나는 미국 제자를 통해 그것을 다시 한번 깨달았다. 우선 미국 제자 리아가 한국에 머물면서 그 학생의 어머니와 아버지, 양가 할머니와 할아버지, 이모, 삼촌, 큰아버지 등 일가친척과 그들의 친구들과 지인들까지 한국에 집중하게 된다. 리아가 말하길 그녀의 부모님은 한국의 가게나 명소를 팔로우하고 한국 뉴스를 귀담아듣는다는 것이다. 그리고 미국에서 진행하는 한국 행사에 적극적으로 참여하고 미국에 있는 한국인들을 돕고 유독 그들에게 더욱 친절하게 내해 주고 관심을 가진다는 것이다.

그리고 마지막으로 리아의 부모님은 리아를 위해 한국어를 배우고 한국 문화를 공부한다. 내가 미국 제자를 3년간 알고 지내면서 느낀 것은 외국인과의 개인적인 만남도, 국가 대 국가가 만나는 공식적인 행사처럼 진심으로 잘 대해야 한다는 것을 알게 되었다. 필자는 미국 제자와 교류를 자주 하며 한국에 적응할 수 있도록 도와줬고, 그런 필자가 고마웠던지 그 학생의 부모님은 한국에 있는 여러 상점에 연락하여 필자를 위해 상품을 주문하였다. 심지어 미국에서 한국에 있는 가게로 주문을 넣어 필자의 집까지 크리스마스 쿠키가 선물 되기도 하였다. 이런 감사함을 보답하기 위해 필자 역시도 한국 기념품을 선물로 준비해서 미국으로 보내기도 하였다. 미국 학생을 통해 필자인 한국인과 미국 학생 어머니인 미국인이 서로 문화 교류를 하며 더 신뢰를 쌓고 서로의 나라를 더 가까이 여기게 된 것이다.

〈개인 외교와 선물 교환〉

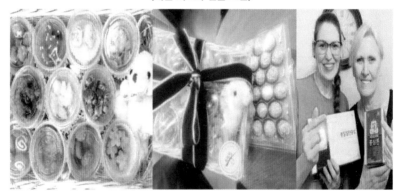

또한 이 미국 학생 어머니는 필자가 모르는 한국 맛집을 두루두루 알고 있었고, 나중에는 내가 미국 제자 어머니에게 역으로 어디가 맛집인지와 쇼핑 할인과 관련된 유용한 정보도 듣게 되었다. 서울, 경기도 지역뿐만 아니라 그 학생의 어머니는 전라도 광주의 휴대폰 브랜드의 대리점 지점장님과 소통하기도 하였다. 이렇듯 그 학생의 가족은 비록 미국에 있지만 한국 사회 전반적인 일에 관심이 많았고 무엇보다 자신의 딸을 위해 한국에서의 경제활동을 적극적으로 하고 있었다. 이건 분명 한국 입장에서 보면 외화벌이라 할 수 있다. 곧 그 학생의 부모님이 한국에 방문할 예정이라고 하는데 한국에서 소비와 지출은 또 다른 외화벌이고 한국 경제에 이익이 된다.

또한 이 학생은 한국에 대해 긍정적인 인식을 가지고 있고, 자신의 나라 미국과 한국이 우호적인 관계를 지속적으로 유지해 나갔으면 좋겠다고 늘 말한다. 그런 이야기를 이 학생이 하던 중 한번은 이 학생의 학창시절 제2 외국어 선택에 대해 이야기한 적이 있다. 미국 주마다 다르겠지만 보통 미국 고등학교에서 외국어를 선택과목으로 정하는데 보통 학생들이 과거에는 일본어나 중국어를 많이 선택하였다고 한다. 그러나 코로나 시기 들어서면서부터 한국어를 선택하는 학생들이 많아졌다는 것이다. 물론 미국은 워낙 큰 나라라 지역에 따라 다르지만 어떤 지역이든 간에 한국어를 잘 선택하지 않았던 미국 학생들이 과거와 다르게 한국어를 많이 선택하고 있는 추세라는 것이다. 한국인민 영어를 배우러 가는 것이 아니라 이제는 미국인들도 미국에서조차 한국어를 배우려고 하는 것이다.

만약 필자가 그 학생을 외국인이라는 이유로 배타적인 태도를 취했더라면, 서로에게 서로의 문화를 교류하고 알리는 좋은 기회를 놓쳤을 것이다. 그리고 어쩌면 한국인은 말만 친절할 뿐 실제로 잘 만나주지 않는 깍쟁이들이라고 했을 것이다. 또한 이는 외화벌이 활동으로 이어지지 않고 친목을 통한 교류가 단절되는 악순환을 낳았을 것이다. 나는 이런 부분을 한국 사람들에게 이야기하고 싶다. 한국이 성장하고 있는 지금, 문화적으로도 더 성숙하고 국제적인 태도를 가지게 된다면 그에 따르는 많은 이익이 개인과 국가에 돌아올 것이라고 말이다.

03

" 선생님은 언제든지 봉준호 감독님을 만나지요?"

한국영화와 한국 드라마는 전 세계적으로 인기를 얻고 있으며, 이를 통해 한국의 문화와 가치가 전파되고 있다. '기생충', '오징어 게임', '미나리'와 같은 작품들은 국제적으로 인정받고 수상도 받았다. 다양한 문화적 측면을 다루고 있어 외국인들을 포함한 많은 이들의 관심과 사랑을 받았다. 필자의 학생들 역시도 필자보다 더 '기생충', '오징어 게임', '미나리'에 대한 관심이 많았고, 똑같은 영화를 시청하고 또 시청했다고 하였다. 한번은 필자의 학생이 "선생님, 봉준호 감독님 알아요?"라고 하는 것이다. 그 당시는 '기생충'이 막 유명해지기 시작할 때쯤이라 봉준호 감독님에 대해 알고 있는 학생들이 신기했다. 필자의 학생들은 봉준호 감독이 어디서 어떤 공부를 하고 어떤 영화를 좋아하는지 상세히 알고 있었고 예술성이 뛰어난 천재라고 묘사하였다. 게다가 웃긴 점은 학생들의 입장에서는 필자가 한국인이기 때문에 마음만 먹으면 언제든지 봉준호 감독을 서울에서 쉽게 만날 수 있을 것이라 생각하였다. 필자의 학생들이 봤을 때, 필자가 봉준호 감독, 영화 여배우들과 자유로운 만남을 할 수 있을 것이라 생각하여, 이 부분에 대해 필자가 확실히 해둔 적이 있다. 필자 역시도 쉽게 만날 수가 없다고 말이다. 비록 한국 면적이 외국 학생들 나라의 영토에 비해 비좁긴 하지만 누구든 다 만날 수가 있는 것이 아니라고 말해 주었던 기억이 난다.

학생들에게 "봉준호 감독님을 만나면 무엇을 알고 싶어요?"라고 질문하니 학생들은 모두 "또 언제 영화를 만들어요."라고 질문하고 싶다고 하였다. 또한 미국 사람들과 영화를 만들 계획이 있는지도 알고 싶다며, 필자가 봉준호 감독님을 만나면 꼭 좀 물어봐 달라고 하였다. 이렇게 학생들은 한국영화를 통해 영화 자체도 좋아했지만 그 영화를 만드는 사람에 대해 정말 궁금해했는데, 특히나 그 사람이 한국인이라는 사실에 놀랍다는 것이다.

〈외국 유학생들이 K-드라마를 즐겨 보는 넷플릭스와 디즈니 플러스〉

출처: 넷플릭스와 디즈니 플러스 홈페이지

학생들에게 한국영화 작품들이 왜 좋으냐고 질문했을 때, 학생들은 한국에 대한 이야기와 그 안에 담긴 인간적인 감정, 복잡한 관계, 사회적 문화 등을 통해 현실과 공감하고 간접경험을 할 수 있기 때문이라고 하였다. 오징어 게임에 대해 이야기할 때, 많은 학생들은 '반전의 할아버지'라는 이야기를 많이 하였다. 이 말은 한국영화에는 뜻밖의 반전과 비밀을 새롭게 알 수 있는 재미있는 요소가 있다는 것이다. 또한 '미나리'에서는 영화배우의 연기력에 너무 놀랐다는 것이다. 어떻게 그렇게 연기를 잘할 수 있는지 그 여배우를 알고 있느냐고 필자에게 여러 번 질문하기도 하였다.

이 세 작품은 고유한 한국적인 면모를 가지고 있으면서도 보편적인 주제를 다루기 때문에, 외국 학생들도 쉽게 이해하고 공감할 수 있었다.

04

"

선생님, 재벌에 대해
어떻게 생각해요?

"

20년 전, 필자가 캐나다에 갔을 때, 캐나다 사람들이 필자에게 어디에서 왔느냐고 질문할 때마다 한국이라 대답하면 캐나다 사람들이 고개를 갸우뚱하곤 했다. 그래서 필자는 한국에 대해 홍보대사처럼 늘 한국은 어떤 나라인지 설명을 늘어놓아야만 했다. 또한 그곳에서 만난 많은 외국인이 한국의 안보를 걱정해 주고 가난한 나라에서 온 소녀를 안타깝게 생각하는 모습을 보이기도 했다.

필자가 그곳에 있을 때, 사우디아라비아 제다(Jeddah)라는 도시에서 온 마하 바샤라는 공주와 아주 친한 친구로 지냈다. 그 친구는 필자를 한국인이라 가엾게 여기며 자신이 곧 이사를 가는데 집 안의 가구와 전자제품은 그냥 다 버릴 예정이니 필자에게 필요하면 다 가져다 쓰라고 할 정도였다. 그것도 모자라 필자에게 최신형 휴대폰을 선물해 주고 싶어 했고 필자가 한국으로 돌아갈 때는 굶어 죽지 않도록 제다 도시 근처의 걸프바다(Gulf Area sea)에서 나는 보석을 선물하기도 하였다. 그때의 그런 한국에 대한 이미지와 인식이 현재 많이 바뀌었다.

　지금 한국은 세계에서 경제적 요지로 주목받고 있다. 대한민국은 세계에서 11번째로 큰 경제체이며 세계적인 기업들이 다수 존재(삼성전자, 현대자동차, LG전자, SK하이닉스, POSCO)한다. 이 중 삼성전자가 외국인들에게 가장 유명한데, 삼성전자가 가장 유명한 국가로는 대한민국 다음으로 미국, 일본, 인도, 중국 등이 있다. 실제로 필자가 가르친 미국, 일본, 인도, 중국 학생들은 삼성을 포함한 한국 기업을 너무 잘 알고 있었다. 대부분의 학생은 'Chaebol(재벌)'이라고 불리는 삼성전자와 현대자동차와 같은 대기업에 대해 잘 알고 있다. 한번은 학생 중 한 명이 다짜고짜 나에게 질문을 했다. "선생님, 재벌에 대해 어떻게 생각하세요?" 필자는 사실 재벌이라는 그 어려운 단어를 학생들이 알고 있다는 것 자체가 신기했다. 한국에 대해 관심을 가지는 학생들은 'Chaebol'에 대해 집중적으로 관심을 가지고, 보고서까지 쓸 정도였다. 그런 학생들 중 한 명은 펜실베이니아 대학생이었는데, 필자의 수업을 1년간 들었다. 이 학생은 프로젝트 수업을 할 때마다, 재벌에 대한 기사와 논문을 형광펜을 그어가며 정독하는가 하면, 심지어 필자가 모르는 재벌(Chaebol)의 면모에 대해 상세하게 알고 있었다.

　한국 학생들에게 한 번도 재벌과 관련된 질문을 받아본 적이 없어서 필자에게는 나름 문화적 충격이었다. 한국 학생들은 보통 미디어를 통해 재벌에 대해 배워가기 때문에 위에서 언급된 학생처럼 논문을 읽는다든지 이런 문제에 대해 심각하게 생각하지 않는 경향이었다. 하지만 내국인이 느끼지 못할 만큼 세계적으로 '재벌'이라는 용어는 외국인에게 큰 관심사가 되었다.

실제로 재벌(Chaebol)이라는 용어를 국제적으로 그대로 사용하는 경우가 많다. 예를 들면 미국의 CNBC, 블룸버그 등 경제 매체에서도 'Chaebol'이라는 용어를 사용하고 있다. 또한 외국의 대학이나 연구기관에서도 'Chaebol'이라는 용어를 사용하여 한국의 대기업 그룹에 대한 연구나 보고서를 작성하는 경우가 있다. 재벌의 내부적인 시스템과 기업 문화도 외국인에게 전해지고 있다.

〈재벌 단어가 등재된 사진〉

출처: 뉴욕타임스,* 옥스퍼드 사전**

외국인들이 한국에 관심을 가지는 계기는 또 다른 주제로 살펴볼 수 있다. 외국 학생들 중에서 가족이 한국인 출신이라서 한국을 방문해서

---

* The NewYork Times(2023.12.18.), "what to know about the chaebol Families that Dominate south Korea's Economy", https://www.nytimes.com/2023/12/18/business/chaebol-south-korea.html.

** Oxford Reference, https://www.oxfordreference.com/display/10.1093/oi/authority.201108030 95600327.

한국어를 배우고 싶어 하는 사람들이 정말 많다. 이와 관련하여 형제자매가 한국에서 입양된 경우라 한국어가 아주 중요한 언어가 되어서 한국으로 유학을 결정했다는 학생들이 한 반에 1명 이상은 꼭 있었다. 이런 학생들 중 몇 명의 일화를 이야기해 보고자 한다.

아담이라는 학생은 남동생 2명이 있는데, 그 남동생 두 명은 한국에서 입양되었다. 그런데 남동생 2명은 한국에 오는 것을 두려워해서 누나로서 먼저 한국어를 배우고 한국 문화를 경험하기 위해 한국에 왔다고 하였다. 한국어를 배워서 남동생들이 한국에 대해 잘 알게 되고 한국을 두려워하지 않기를 바란다는 것이다. 또한 남동생들이 한국에 언젠가는 방문할 것이라는 희망을 안고 왔기 때문에 자신이 정말 열심히, 잘 배워 가고 싶다는 것이다.

또 다른 리사라는 친구는 쌍둥이 여동생이 한국에서 입양되어 왔는데 그 여동생들이 정체성에 혼란을 느끼며 고등학교 때, 가출을 자주 했다는 것이다. 리사는 동생들의 영향을 받아 한국이라는 나라에 관심을 가지게 되었고, 한국 관련 전공인 동아시아 학문을 대학에서 전공한 후, 한국 유학을 선택하게 되었다고 했다. 또 다른 필자의 학생 중에는 한국에서 여동생 1명을 입양했는데, 그 여동생이 정말 귀엽고 똑똑하다고 하였다. 그 여동생은 열심히 공부하여 의대에 진학했다고 하였다.

여동생이 의대를 선택한 이유를 듣고 필자는 잠시 잠깐 놀랐다. 그 이유는 여동생의 생물학적인 고향이 한국이라는 사실을 최대한 잊으려고 책에 관심을 돌려, 열심히 공부를 했다는 것이다. 그 결과 의대를 진학할 수 있는 실력이 되었고 지금은 의학을 전공하며 대학에서 바쁘게 지낸다는 것이다. 그런데 이 동생은 자신의 문제를 외면이라도 하듯이 한국과 관련된 이야기가 나오면 그 자리에 머물러 있지 않는다는 것이다. 그래서 필자의 학생은 여동생을 위해 자신이 한국에서 생활하는 것을 SNS에 올려 여동생이 한국에 대해 흥미를 가지게 만들고 싶었던 것이다. 이 학생은 한국에서 입양된 형제자매와 더 가까워지기를 바라는 마음에서 한국 유학을 선택하였다. 이런 외국인들의 노력으로 입양을 간 한국인이 다시 고향을 되찾을 수 있는 기회가 마련되기도 한다. 외국인들이 헤어져 있던 한국 민족을 다시 재결합시키는 역할을 하고 있는 셈이다. 이들의 이러한 노력은 한국어를 배워가서 그들에게 한국어 학습을 권하고 한국어를 서로 배움으로써 가족 간의 관계도 발전될 수 있고 나아가 입양된 국가와 입양 보낸 국가 간의 교류로 이어지면서 국가발전에 도움이 될 수 있을 것이다. 이런 과정은 입양 간 한국인과 한국 입양 가족들에게 한국어와 한국 문화를 알게 해 줌으로써, 한국의 언어와 문화와 가치관을 이해하는 데 중요한 역할을 하게 된다. 또한 한국어의 학습을 통해 외국인은 형제자매와 함께 한국의 문화와 전통을 더 깊이 이해하고 공유하게 된다. 한국어를 통해 한국의 문학, 영화, 음악, 예술 등 다양한 문화적 콘텐츠를 직접 이해할 수 있고 문화적 이해와 경험 확장의 기회가 될 것이라 생각한다.

　　그렇다면 외국인들이 생각하는 한국 문화가 무엇인지 궁금해진다. 다음에는 이들이 경험하는 한국 문화에 대해 이야기하고자 한다.

05

"

한국 친구들이 그 말은
'이모님들'이 쓰는 말이래요.

"

한국은 문화적으로도 중요한 위치에 서 있다. 한국의 문화 산업은 지난 몇 년간 빠른 성장을 거듭, K-pop, K-drama 등이 세계적으로 대중화되었다. K-pop의 영향을 받고 한국행을 선택한 학생들의 특징은 시간이 있을 때마다, 음악을 틀어놓고 K-pop 댄스를 춘다. 필자의 학생들은 어찌나 한국 음악을 좋아하는지 쉬는 시간 5분만 주어도 순식간에 그룹을 형성해 안무연습을 하는 K-pop 음악의 중독성을 보인다.

필자의 학생들은 K-pop 댄스를 추기 위해 아침 8시에 만나서 수업 전까지 모여서 춤을 추는데, 어느 누구도 이러한 일들을 시키지 않았지만 K-pop 음악과 댄스를 사랑하는 마음에 이끌려 학생들은 자발적으로 정말 열심히 한국 음악에 맞춰 춤을 춘다. 그리고 이들은 어느 정도 댄스를 익히면 한국 아이돌 가수처럼 영상을 찍는 모습을 볼 수 있었는데, 이들은 영상을 1번만 찍는 것이 아니라 학생들이 마음에 드는 영상물이 나올 때까지 계속 찍는다. 학생들은 이런 활동을 가수별로, 음악별로 계속

한다.

　또 다른 필자의 외국 학생들은 한국 노래 부르기를 좋아한다. 그들에게 한국에서 제일 재미있는 활동이 무엇이냐고 물어보면 노래방에서 노래를 부르는 것이 제일 좋다고 말한다. 하지만 노래방은 그들에게 비싼 곳이다. 그래서 이들은 수업 전후에 자투리 시간을 이용해 동영상을 틀어놓고 강의실의 마이크를 노래방 마이크처럼 사용하며 열심히 노래를 따라 부른다. 한번은 필자가 수업 시작 1시간 전에 도착한 적이 있었다. 그때 강의실 문을 열고 들어가 보니 한쪽 구석에서 한 외국인 학생이 휴대폰으로 노래를 부르고 있는 학생을 조명감독처럼 비추고 있었다. 이런 조명을 받은 학생은 최선을 다해 열심히 노래를 부르고, 다른 관객석의 학생들은 박수를 치며 함께 따라 부르고 있었다. 이러한 상황에 필자가 강의실 문을 열고 들어가니 이들은 마이크를 떨어뜨릴 정도로 너무 놀랐고, 필자도 그런 이들을 보고 더 놀랐다. 이러한 에피소드는 다소 황당할 수 있으나 어찌 보면 이들이 한국 노래를 사랑해서 상황에 맞게 최선을 다하는 것이라 할 수 있다. 물론 필자는 이 학생들에게 학교의 기기가 파손되지 않도록 해야 한다고 당부는 하였지만 열정을 쏟아 한국 노래를 부르는 모습은 인정하지 않을 수 없었다. 케이팝을 좋아하는 외국 학생들을 위해 한국 노래 특별수업은 필자의 한국어 수업에 필수가 된다. 이들은 노래를 통해 한국어를 더욱 빠르고 효율적으로 배운다. 케이팝에 대한 사랑으로 외국 학생들은 한국어를 학습할 의욕을 더욱 강력하게 느낀다. 노래도 열심히 배우고, 춤도 열심히 추는 영상뿐만 아니라 한국어로 자신의 감정을 이야기하는 영상도 찍는다. 이들은 한국의 문화가 좋아서 한국행을 택하기 때문에 춤과 노래와 한국어 학습의 열정은 쉽게 식지 않았다. 필자의 학생 중에서도 10명 기준으로 3명 정도는 시간이 있을 때마다 한국 음악에 맞춰 댄스를 습관적으로 춘다. 이런 모습을 가까이 접하게 되면 한국 문화가 얼마나 위대한지 뼛속으로 느끼게 된다.

K-drama를 정말 좋아하는 학생도 있었는데, 우리가 흔히 유명해서 좋아할 것이라고 생각하는 드라마 외의 장르를 좋아하기도 한다. 가령 2018년 11월~2019년 2월까지 편성되었던 SKY 캐슬이라는 드라마는 미국에서 그렇게 유명하지 않았는데 이 드라마를 좋아하는 미국 학생이 있었다. 그는 미국에서 대학교를 다니는 21살의 남자 유학생이었다. 그 학생은 여유 시간이 생길 때마다 나에게 "선생님, 스카이 캐슬 봤어요? 오, 정말 좋은 드라마예요."라고 말한다.

그 학생은 "저는 스카이 캐슬이 좋아요. 너무 재미있어요. 그리고 대치동 가보고 싶어요."라고 말한다. 그 학생은 스카이 캐슬을 보고 대치동을 여행 목적지로 계획해서 대치동을 다녀온 적이 있다. 대치동을 다녀온 후, 그 학생이 하는 말이 촘촘히 붙어 있는 학원 골목은 워싱턴 D.C.의 골목가와 비슷한 느낌이 든다고 하였다.

또한 대치동 교육 문화가 무섭지만 한국에 머물고 있는 상황이니까 대치동 교육 분위기에 따라 열심히 한국어를 공부해 보고 싶다는 것이었다. 그래서 필자는 그 학생의 한국어 공부를 응원해 주고 조언도 많이 해 주었다. 그러던 어느 날 그 학생이 한국어 공부에 너무 심취한 나머지 또래 친구들이 쓰는 은어로 필자의 말에 대답하는 일이 있었다. 필자는 수업 시간에 주말에 뭐 했느냐고 학생들에게 이야기하는 시간을 주었다.

그 학생은 이렇게 말했다. "저는 엽떡 먹었어요. 존맛탱."이라고 말이다. 사실 필자는 그 당시에 엽떡이 엽기떡볶이를 의미하는지 잘 몰랐다. 게다가 그 학생이 필자도 잘 안 쓰는 '존맛탱'이라는 비속어를 써서 잠시 멈칫하였다. 필자는 그때 그 학생에게 그런 말보다는 한국어 수업 시간에 배운, 필자가 가르쳐준 "정말 맛있어요."와 같은 올바른 표현의 말을 쓰라고 조언해 주었다.

그 일이 있고 난 일주일 후였다. 그 학생은 심기가 불편한 얼굴로 필자에게 와서 이렇게 말했다.

> 미국 학생: "선생님, 선생님이 가르쳐준 말을 하니까 한국 친구들이 저하고 안 놀아요."
> 필자: (너무 놀라며) "그게 올바른 한국어예요. 왜 친구들이 안 놀아요?"
> 미국 학생: "선생님이 가르쳐주는 말은 친구들이 '이모님들'이 쓰는 말이라고 해요."

필자는 정상적인 한국어에 대한 한국 학생들의 반응에 놀랐고, 정말 우리나라 학생들의 언어사용실태가 매우 궁금했다. 우리나라 질풍노도의 시기 학생들은 한국어로 문장을 구사하더라도 줄임말과 슬랭이 들어가지 않으면 문장이 완성되지 않는 경향을 보였다. 이런 학생들의 영향을 받은 외국 학생은 그 이후 인사도 안녕 대신 '하이루'라는 콩글리시도 아닌 한국어도 아닌 말을 하였다.

한번은 이 미국 학생의 가장 친한 친구인 마이클이라는 학생이 있었는데, 그 학생 역시도 이 학생과 함께 다니면서 또래에게 줄임말과 비속어를 배우고 사용하기 시작했다. 수업을 시작하기 전에 마이클은 필자를 보니더 "오 선생님, 오늘 귀걸이가 쩌네요."라고 했다. 순간 필자는 학생이 무슨 말을 했는지 귀를 의심했고, 칭찬인지 비난인지 헷갈리기 시작했다. 그래서 학생에게 "뭐가 쩌네요?"라고 물어보니, 학생은 "선생님은 '쩌네요' 말을 몰라요?"라며 필자를 의아하게 바라보았다. 분명 한국어의 올바른 사용은 아니지만 그 학생에게 "마이클, '쩌네요'가 뭐예요?"라고 하니 "cool, stunning"이라고 대답했다.

마이클이 말한 '쩌네요'의 의미는 일부분은 맞다. 그러나 다른 일부분을 알고 있지 못한 것이다. MZ세대 친구들이 하는 말 중에서 '쩔다'는 양면성을 가지고 있다. 정말 대단하고 멋질 때도 사용하지만 정말 별로일 때도 '쩔다'를 사용한다. 마이클이 한국에 머물 때는 코로나 시기 전이었는데 그 당시 한국 학생들에게 인기 있게 잘 썼던 말은 '개'이다. 가령 '너무 대단해요'를 MZ세대가 쓰는 비속어로 해석하여 쓰면 이렇게 말할 수 있다. '개 쩔어.' 이런 비속어를 외국 유학생들은 또래 집단에서 배우게 된다. 필자는 비속어를 쓰는 외국인 학생들을 보면 한국어에 멍이 들어간다는 느낌을 받는다.

외국 사람들이 비속어를 쓰는 모습을 볼 때마다 한국어를 포함한 한국 문화에 멍과 상처가 깊이 새겨지는 듯한 느낌을 받는다. 한글 창제가 이루어지기까지 시련의 과정과 한국 역사를 다시 되돌아본다면 슬픈 일이 아닐 수 없다. 혹시 필자의 독자 중에 MZ세대의 학생이 있다면 외국 학생들에게 비속어를 알려주는 것보다 올바른 한국어를 알려주는 선행을 베풀면 좋을 듯하다. 비속어를 알려주더라도 쉽게 사용하면 안 된다는 것과 비속어가 한국어의 올바른 표현이 아니라는 것도 또한 알려주면 좋을 듯하다. 그리고 올바른 한국어 사용은 '이모님들'이나 쓰는 말이 아니라는 것도 꼭 알려줬으면 한다.

또 한번은 국가 장학 프로그램에서 한국어와 한국 문화 강의를 맡아서 한 적이 있었다. 이 국가 장학 프로그램은 현지 국가에서 학생들을 선발하여 그 나라 세금으로 한국을 포함한 21개국 이상의 외국에서 공부시키는 프로그램이었다. 이 학생들은 한국에 와서 두 학기 동안 머물게 되는데, 이 프로그램에서 필자는 한국어와 한국 문화를 강의하게 되었다. 보통 이 학생들은 국가에서 밀착관리를 하기 때문에 혼자 살지는 못하고 한국의 홈스테이와 연계되어 한국인 가족들과 함께 산다. 이런 필자의 학생 중 로라라는 여학생이 있었다. 로라는 얌전하고 별로 말이 없었지만 게임을 좋아했던 친구였다. 로라의 홈스테이 가족 중에 초등학교 5학년인 아이가 있었다. 처음에 필자는 잘 몰랐지만 로라가 그 초등학교 5학년 홈스테이 동생과 제일 친하게 지낸다는 사실을 알았고, 틈만 나면 둘이서 온라인 게임을 하며 친분을 쌓는다는 사실도 알게 되었다. 그 덕분인지 로라의 한국어는 나날이 발전했지만 홈스테이 동생은 한국어만 해도 다른 나라 사람들과 말이 잘 통한다는 사실을 알고 외국어 배우기에 흥미를 잃었다는 이야기를 전해 들었다. 그만큼 로라는 한국 초등학생 문화에 많이 노출되어 있어서 한국어가 빠르게 늘었지만 문제가 좀 발생했다.

로라가 초등학생들이 잘 쓰는 비속어를 자연스럽게 쓰기 시작한 것이었다. 한번은 수업 시간에 자신이 가장 재미있어하는 일과 잘하는 일에 대해 이야기하게 되었는데, 로라는 자신에 대해 이렇게 말했다.

로라: "저는 게임 고인물이에요."
필자: "고인물이 뭐예요?"

로라: (놀란 표정으로) "선생님은 고인물을 몰라요?"
로라: "우리 홈스테이 남동생은 고인물은 좋은 말이라고 했어요."

홈스테이 남동생이 좋은 말이라고 한 '고인물'은 정말 긍정적인 뜻일 것이다. 순간 필자는 비속어 지식이 부족한 스스로를 얼마나 질타했는지 모른다. 문맥상 나쁜 뜻은 아닌 듯한데, 필자의 학창 시절에 고인 물은 썩은 물로 해석되어 부정적인 의미였기에 다소 헷갈렸다. 이런 사건을 계기로 필자는 '고인물'에 대해 알아보게 되었는데, 간단히 뜻을 이야기 하자면 한 분야에서 높은 경지에 이른 사람에게 경의의 의미를 담아 부르는 말이라고 보면 된다. 외국인 학생들이 한국어를 듣고, 보고, 배우는 것은 모두 한국인에게서 비롯된다.

그런데 한국인이 비속어를 쓰게 되면 그 비속어 역시 한국 문화에 포함된다. 이런 비속어는 외국인들에게 한국인이라는 타자에 대해 잘못 평가할 수 있는 계기가 된다. 큰 문제가 아니라고 여기는 사람들도 있을 것이지만 비속어를 전달하고 싶다면 비속어의 원어의 명칭과 의미를 함께 이야기하면 더 좋을 듯싶다.

가령 또래 집단의 한국 학생들이 부적절한 언어를 쓴다면 그 또래의 외국인 역시도 똑같이 부적절한 언어를 쓰게 된다. 한번은 필자의 학생이 자신이 한국어를 얼마나 잘하는지 뽐내고 싶은 나머지 또래 친구들에게서 배운 한국어를 자랑스럽게 말했다. 필자는 그 말을 듣고 사실 단 몇 초간 멍했다.

그 이유는 그 남학생의 발화는 이러했다. "저는 오늘 존나 빡쳤어요." 이런 발화를 하고 자신이 고급 한국어를 한다고 생각하였다. 상세하게 그 학생에게 '존나'와 '빡쳤어요'의 의미가 무엇인지 설명하고 그 언어를 올바르게 순화해서 "저는 오늘 정말 화가 났어요."라고 다시 알려줬다.

그 학생은 민망하고 부끄러운 표정으로 한국 친구들이 그런 말을 쓰니까 일상생활의 한국어라고 생각했다는 것이다. 그렇게 말을 하면 한국 친구들과 좋은 관계를 유지할 수 있다고 생각하였다면서 필자에게 사과하였다. "존나 빡쳐요."는 한국어에서 사용되는 비속어나 욕설 중 하나이며, 일반적으로 존중과 예의를 중시하는 한국 문화에서는 적절하지 않은 표현이라는 것도 다시 학습할 수 있도록 도와주었던 기억이 난다.

따라서 외국인이 한국어를 잘 모르고 이러한 표현을 사용한다면, 이는 언어학적이나 문화적으로 부적절하다. 한국어에서 비속어와 욕설은 일반적으로 사용하면 안 되지만 정말 친한 사이에서 사용되는 경우도 있다. 그러나 이러한 표현은 상황에 따라 매우 민감하게 받아들여질 수 있으며, 경우에 따라 상대방에게 불쾌감을 일으키거나, 결례를 범할 수도 있다.

또한, 한국어에서는 '존댓말'과 '반말'이라는 것이 있다. 존댓말은 상대방을 존중하고 존경하는 표현으로 사용되며, 반말은 친밀하거나 동등한 관계에서 사용된다. 이러한 존댓말과 반말의 구분은 한국어 사용에 있어서 매우 중요한 역할을 한다.

하지만 필자는 이 학생이 한국어를 잘 몰라서 올바른 표현을 하지 않았기 때문에, 언어학적이나 문화학적으로 보면 자연스러운 결과라고 생각한다. 왜냐하면 또래 집단과 잘 지내고 싶은 마음에 사용했던 또래 언어이기 때문이다. 게다가 이 학생의 성향은 무언가 폼 나 보이는 언행을 하는 것을 좋아하는 걸 알고 있었기에 이 학생에게 정확한 의미를 잘 가르쳐주면 되겠다고 생각하였다.

따라서 외국인이 한국어를 잘 모르고 이러한 비속어나 욕설을 사용한다면, 이는 한국어와 한국 문화를 올바르게 이해하지 못한 것이다. 그래서 비속어 쓰는 외국인을 보게 되면 올바른 한국어를 알려주는 것이 국가 발전에 도움이 된다. 이러한 태도는 선진 한국 문화로 발전하는 데 큰 역할을 하게 되는 것이다. 물론 한국어를 배우는 외국인 역시도 한국어와 한국 문화에 대한 존중과 이해를 가지고 학습해야 하며, 필자를 포함한 교수자들도 이런 부분에 대해 항상 노력하고 힘써야 한다고 생각한다.

한국인과 외국인 모두가 노력하는 자세를 가진다면 외국인은 적절한 표현을 쓸 수 있고 한국인은 외국인을 이해하며 상호 이해관계를 더 발전시키고 촉진할 수 있다. 이런 개인의 상호 간 이해는 문화 간 이해와 밀접한 관련이 있다. 다른 문화에서 온 사람들은 자신의 문화와 다른 관행, 가치관, 생각 등을 가지고 있을 수 있으며, 이를 이해하고 수용하는 것은 상호 이해와 대화의 핵심 요소다. 문화 간 이해와 존중은 서로 다른 문화 간의 대화를 원활하게 하고, 한국 문화와 타국 문화 간의 협력을 촉진하는 데 중요한 역할을 한다.

이제 외국인이 좋아하는 한국 문화를 한 가지 더 이야기하고자 한다. 그건 바로 'K-웹툰'이다.

필자 제자들 중에는 웹툰 사랑이 넘치는 학생들이 많았다. 학생들 스스로도 한국 웹툰은 웹툰 시장의 중심이 될 거라며 필자에게 웹툰 주식을 사서 투자하라고 강조하여 말할 정도였다. 그 이야기를 듣고 한참을 웃었던 기억이 난다.

필자도 잘 모르는 K-웹툰 세계는 우주같이 드넓었다. 웹툰을 통해, 한국어의 줄임말도 배우고 학생들끼리 쓰는 말도 배운다. 학생들에게 다른 나라 웹툰도 많이 있는데 K-웹툰을 특별히 좋아하는 이유가 있느냐고 질문하니 그 학생들은 한국 웹툰은 정교한 그림과 재미있는 이야기 구성이 매력적이라 구독까지 하며 챙겨 본다고 하였다.

필자의 외국인 학생들이 사랑하는 한국 웹툰은 다양하지만 그중에서 가장 인기가 많아서 필자도 잊지 않고 기억하는 3가지의 웹툰 제목이 있다. 그것은 노블레스(Noblesse), 고수(The Breaker), 신의 탑(Tower of God) 등이다. 우선 노블레스부터 잠깐 살펴보면 노블레스는 한국 웹툰의 대표적인 작품 중 하나이다.

이 작품은 초능력을 가진 노블(귀족)들과 그들을 지키는 수호자들의 이야기다. 노블레스의 특징은 액션, 판타지, 드라마, 코미디 등 다양한 장르를 아우르고 있으며, 유쾌한 캐릭터들과 스릴 넘치는 전투 장면이 있어서 외국 친구들은 좋아한다.

고수는 한국 무술을 다루는 웹툰인데, 주인공이 무술에 흥미를 갖고 전문적인 훈련을 받으며 성장해 나가는 이야기다. 이 작품은 장르물인 무술 웹툰의 특성을 살려 복잡하고 치밀한 전투 장면과 전략적인 무술을 다루고 있다. 외국 학생들은 한국 무술 문화에 대한 호기심과 액션 요소와 캐릭터 간의 갈등과 성장 때문에 구독을 많이 한다고 하였다.

다음으로는 신의 탑인데, 신의 탑은 신의 탑에 오르기 위한 여성을 그리는 판타지 웹툰으로 다양한 미래의 주인공들이 시험과 모험을 겪으며 탑을 올라가는 이야기다. 외국인 학생들은 신의 탑 탐험과 캐릭터들의 성장과 복잡한 세계관 때문에 매료된다고 하였다. 신의 탑은 문화와 종교적인 요소를 포함하고 있어 다양한 배경과 개념들이 얽혀 있는데, 이로 인해 외국인 학생들은 이 작품을 통해 한국 문화에 대한 흥미와 이해를 넓히고 다양한 아이디어와 상상력을 경험하였다고 한다.

　이와 같이 한국 웹툰이 외국 학생들에게 사랑받는 이유는 여러 가지가 있다. 우선, 한국 웹툰은 풍부한 이야기 구성과 깊이 있는 캐릭터 설정으로 유명하다. 많은 작품이 사회적 문제나 인간 심리 등에 대해 다루고 있어서, 보는 사람들에게 공감과 감동을 전달한다. 이러한 내용들은 언어나 문화의 차이를 넘어서 전 세계적으로 공감할 수 있기 때문에 외국인들에게도 매력적으로 다가간다.

　또한, 한국 웹툰은 고유한 그림체와 색채감, 섬세한 디테일이 인상적이다. 한국 웹툰은 일본 만화나 서양 만화와는 다른 그래픽 디자인을 가지고 있다. 이러한 그래픽 요소들은 한국 문화와 관련이 있으며, 외국인들에게는 색다른 경험을 제공한다.

　게다가 한국 웹툰은 접근성이 높다. 인터넷을 통해 누구나 쉽게 접근할 수 있으며, 무료로 볼 수 있는 작품들도 많다. 이러한 접근성은 전 세계적으로 인기 있는 웹툰 플랫폼들을 통해 다양한 언어로 번역되어 외국인들에게도 쉽게 이용될 수 있다.

　무엇보다도 학생들은 한국 웹툰의 캐릭터에 매력을 느끼는 경우가 많다. 강렬한 개성을 가지고 있다고 보며 복잡한 내면을 가진 캐릭터들이 특징이다. 이 캐릭터들이 다양한 상황과 갈등을 겪으면서 성장해 나가는 이야기들은 외국 학생들에게 매력적으로 다가온다.

　따라서, 한국 웹툰이 외국인들에게 사랑받는 이유는 그 풍부한 이야기 구성과 깊이 있는 캐릭터 설정, 고유한 그림체와 섬세한 디테일, 색채감, 그리고 높은 접근성 등이다. 이러한 특징으로 웹툰의 매력에 빠져드는 외국인들이 점점 늘어나고 있다. 외국인들은 한국 웹툰을 통해 한국 사회를 이해하고 한국인을 이해하는 계기가 되는 경우가 많다.

한국 웹툰은 한국 문화와 역사, 사회적 현실을 반영하고 있다. 예를 들어, 일부 작품들은 한국의 전통적인 가문 제도나 군대 생활 등을 다루고 있다. 이러한 내용들은 한국 문화와 관련이 있어서, 외국인들이 한국 웹툰을 통해 한국 문화에 대해 이해하고 배울 수 있는 기회를 제공한다.

한국 웹툰과 관련지어 한 가지 주목할 것은 외국 학생들의 문신 문화이다. 한국 웹툰을 통해 한국 드로잉 예술이 상당히 섬세하고 디테일을 살릴 수 있는 예술적 가치와 아름다움을 가지고 있다고 외국 학생들은 확신한다. 그리고 세계적으로 높은 인기와 좋은 평판을 얻고 있는 한국 문신 예술가들을 직접 찾아가는데, 보통 필자의 학생들은 SNS와 인터넷 검색엔진을 통해 유명한 문신 예술가를 찾고 타투 숍을 예약해서 방문한다. 보통 홍대입구 앞에 문신 예술 숍이 많다는 것을 필자의 학생들을 통해서 알게 된다. 학생들은 자신들이 좋아하는 문신 예술가를 SNS상에서 팔로우하고 온라인상으로 매일 문신을 구경하러 그들의 블로그나 SNS를 방문한다. 그리고 학생들은 문신 예술가들이 다른 손님들 피부에 그린 문신을 필자에게 보여주며 "정말 멋지지요? 정말 멋있지요? 어떻게 이렇게 할 수 있어요? 저는 꼭 이 문신 선생님에게 문신을 받으러 갈 거예요."라고 말한다.

이 학생 말을 듣는 순간 한국이 문신 예술로 유명하다는 것을 깨닫게 되었다. 학생이 말하길 보통 문신을 한 번 하는데 3~5시간쯤은 걸린다고 하였다. 물론 어떤 모양의 문신을 하는지에 따라 시간도 달라진다. 하지만 지루하지도 힘들지도 않다는 것이다.

그 이유는 문신이 너무너무 멋지기 때문이라는 것이다. 이렇게 한국 문신 예술가들의 능력에 대해 외국 학생들은 로망이 있었고, 이런 인기로 인해 한국의 유명한 문신 예술가들은 심지어 외국으로 원정을 가서 문신 예술 활동을 한다고 들었다. 그들은 문신 예술 능력을 세계의 많은 나라에서 인정받고 해외로 진출하는 활발함을 보였다.

외국 학생들이 문신을 사랑하고 선호하는 모습을 보면 문신 예술가들에 대한 팬심과 관심이 정말 대단하다고 느끼게 되었다. 학생들이 좋아하는 한국의 대표적인 문신 예술가는 박준, 홍신, 오리, 태안 등이 있는데, 학생들은 이분들에 대해 정말 훌륭한 예술가라고 침이 마르도록 칭찬하며 필자 학생의 친구의, 친구의, 친구의, 친구를 소개할 정도로 유명했다. 그래서 외국 학생들이 한국에 머물 경우, 문신에 대해 상담만이라도 받고 싶을 정도로 문신에 대한 깊은 관심을 가진다.

이렇게 뛰어난 문신 예술의 능력을 가진 문신 예술가 덕분에 문신을 하기로 마음먹은 학생도 있고 한국에서의 경험과 추억을 쌓기 위해 문신을 하는 학생들도 있었다. 문신을 통해 한국에서의 경험과 추억을 영구적으로 기억하고 싶었던 것이다.

한국에서 받은 문신은 그들이 고국으로 돌아갔을 때 한국과의 연결을 느끼고, 그들의 여행이나 거주 경험을 상징적·시각적으로 상기시켜 준다. 한번은 필자의 학생이 왼쪽 허벅지에 문신을 하고 몇 달 후 오른쪽 무릎 아래로 문신을 하고 그다음엔 왼팔, 그다음엔 오른팔, 그리고 쇄골 쪽까지 문신을 하였는데, 이렇게 한국에서 문신을 최대한 많이 하는 가장 큰 이유는 한국에서 문신을 했다는 것을 몸으로 마음으로 느끼고 싶기 때문이라는 것이다. 이렇게 외국 학생들은 한국이라는 나라를 사랑하고 한국 문화를 깊이 새긴다.

〈필자의 유학생들이 주로 이용하는 타투 앱과 인스타그램〉

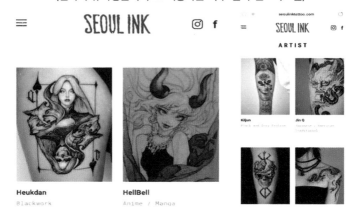

출처: Seoul Ink Tattoo 홈페이지

출처: 타투어플 타투어때,
https://www.howtattoo.co.kr

출처: 타투쉐어,
https://m.tattooshare.co.kr*

---

* 필자의 외국인 학생들은 보통 인스타그램으로 이와 관련된 많은 정보를 얻고, 대부분의 국내 외국
인 유입생 역시도 타투 앱이나 타투 홈페이지 그리고 타투 아티스트분들의 인스타그램을 통해 정
보를 얻고 타투 서비스를 받는다.

〈필자의 유학생들이 주로 이용하는 네이버 웹툰 앱〉

출처: 네이버 웹툰 앱[*]

---

* 네이버 웹툰 앱: 주간별, 장르별 등 다양한 형태로 구분되어 있어서 유학생들에게 인기가 많다.
https://search.naver.com/search.naver?where=nexearch&sm=top_hty&fbm=0&ie=utf8&query=네
이버+웹툰+앱.

06

"

우리 고향에서 출세하려면
한국에서 공부해야 해요.

"

개발도상국 사람들이 한국어를 배우러 한국으로 몰려오고 있다. 한국을 개발된 나라로 인식하고 한국의 경제발전에 대해 연구하고 배우고 싶어서 한국행을 택하는 외국 사람들이 많다. 필자의 강의를 들은 외국인들 대부분은 한국의 경제발전은 기적이라고 표현한다. 특히 외국인들은 그것을 '한강의 기적'이라고 하며, 자신의 고향도 한국처럼 기적적으로 바뀔 수 있을지 잘 모르겠지만 그렇게 되었으면 좋겠다는 희망과 한국에서 잘 배워가고 싶은 마음으로 한국을 방문한다.

외국인들에게 한국 경제발전에 가장 기여한 것이 무엇이라 생각하느냐고 질문하면, 대부분의 외국인은 한국의 교육열을 꼽는다. 물론 한국인의 국민성에 대해서 이야기하기도 하지만 한국 교육에 대해서 더 많이 이야기한다. 대부분의 외국인들은 한국인들의 교육열로 인해 한국이 훌륭한 인적자원을 배출하였고, 이러한 노동력이 국가 경제에 이바지했다고 생각한다.

그래서인지 외국인들에게 한국식 교육이 아주 유명하다. 그들이 생각하기에 한국은 고등 교육 시스템이 발달되어 있으며, 세계적으로 유명한 대학이 한국에 있다고 생각한다. 또한 한국에서 교육을 받은 유학생들은 최신기술을 배우고 실전경험을 많이 쌓는 경우가 있고, 높은 수준의 교육을 받고 있다고 생각하였다. 그리고 석사 이상의 유학생들은 한국에서 연구 활동의 업적이 있어야 전 세계적으로 인정받을 수 있다고 생각한다.

따라서 한국에서의 학문적인 경험과 한국 대학의 학위는 동양의 개발도상국 사람들에게 매우 유용하고 귀중한 자산으로 인식된다. 특히 결혼한 중장년의 외국인 학생들의 경우 자녀가 한국 대학으로 유학 오게 하는 것이 집안의 가장 큰 경사라고 여기는 경우도 많았다. 필자에게 한국 대학 입학에 대한 여러 가지 정보를 질문하고 자신의 자녀를 '서울대학교'에 보내고 싶다고 이야기한 외국 학생이 있었다. 그들 역시도 '서울대학교'가 아주 좋은 곳이라는 것을 미리 알고 한국에서 교육받기를 원하고 있었다. 이렇게 외국인들에게 서울대학교가 유명해진 만큼 한국에 대한 관심도 더불어 높아졌다.

실제로 필자는 대학교 1~4학년과 대학원 석사과정 학생들을 가르치며 그들의 생각을 들을 수 있었다. 우선 몽골에서 온 27살 석사과정의 학생은 천연자원개발을 공부하고 싶어 한국 유학을 선택하게 되었고 열심히 배우고 있다고 하였다. 그 학생의 말에 의하면 한국이 천연자원개발과 석유개발에 관련된 기술이 뛰어나고 몽골에서도 이런 한국의 기술에 대해 연구하고 배우고 싶어 하는 여론이 많다는 것이다. 그래서 이 학생은 한국의 천연자원관련 개발을 위해 한국어를 열심히 공부하고 싶다고 하였다. 보통 천연자원 개발 시, 한국 기업이 함께 참여하게 된다고 하였다. 또한 본인의 한국 유학은 자국과 한국의 관계 발전에도 많은 도움이 될 것이라며 열심히 한국어와 한국 문화를 배웠다.

이뿐만 아니라 서비스업 전공을 위해서 한국행을 선택하는 학생들이 많다. 특히 한국은 항공승무원으로 아주 유명한 나라이다. 세계적으로 유명한 외항사들 중, 한국인이 친절하고 일을 너무 잘해서 한국인 승무원만 뽑고 싶다는 외항사가 있다. 그리고 한국인은 열심히 일하고 직업 정신도 투철하다고 인정받고 있다. 따라서 대학교의 항공학과를 선택해서 한국으로 오는 외국 학생들도 많이 있다.

그들은 한국 항공사에 취직하고 싶은 사람도 있지만 자국으로 돌아가 자국의 항공사에 취직하고 싶어 한국 유학을 선택하기도 한다. 한국 대학의 항공학과에서 공부하는 것을 자랑스럽게 여기고, 자신의 나라에서 배울 수 없는 많은 지식을 쌓을 수 있다고 하였다. 특히 실전연습을 통해 자신들의 미래 직업을 경험하고 배우는 것이 상당히 매력적이라고 이야기하였다.

한국으로의 유학행 비율이 높아지는 나라는 베트남이다. 베트남 역시도 빠르게 성장하고 있는 나라 중 하나이다. 이들이 한국에 입국하기 위해서는 여러 가지 신분을 확인하는 절차가 필요하고 비자 통과를 하기 위해 외국 학생들 가족들은 최대한 노력한다. 대부분의 베트남 학생들 부모님은 있는 재산 없는 재산을 긁어모아 그들의 자녀가 한국으로 유학 가도록 힘을 합친다. 필자의 한 학생의 부모님은 혹시나 한국 비자 발급이 제대로 되지 못할까 봐 집문서 땅문서 모두 8개를 제출했다고도 이야기한다. 그만큼 그들의 자녀가 한국에서 교육받기를 간절히 원하고 있다고 볼 수 있다.

그들은 자신의 나라가 한국과 같이 여러 가지 면에서 잘 살았으면 좋겠다고 한다. 베트남 학생들은 어떤 전공을 하고 싶다기보다는 일단 한국에서 공부하는 것이 목적인 경우가 많다. 한국어를 배우고 한국의 대학 어디라도 들어가서 한국 대학의 졸업장을 따는 것이 목적인 경우도 많다. 이는 한국에 대한 좋은 이미지 때문이다. 필자의 대부분의 베트남 학생들은 한국인의 시민의식과 도덕의식에 대해 많이 놀란다. 특히 어떻게 길거리에 휴지를 안 버릴 수 있는지, 교통신호를 위반하지 않고 어떻게 신호를 지켜가며 잘 건널 수 있는지도 아주 신기해한다. 필자의 한 학생은 이런 한국의 시민의식을 베트남 사람들에게 알려주고 교육시키고 싶다고 하였다.

일본 학생들도 한국이 일본과 지리적 · 문화적으로 인접한 관계로 인해 한국에서 유학하고자 한다. 또한 학교 간의 교류사업도 잘되어 있어 한국으로 교환학생을 신청하는 경우도 많다. 그리고 한류의 성공으로 인해 일본에서 한국어와 한국 문화에 대한 관심이 더욱 증가하면서 일본 남학생보다는 일본 여학생이 한국 유학을 오는 경우가 많다. 일본 유학생들은 성실하게 공부하는 경향이 있으며 한국 식당에 가서 여러 가지 반찬이 나올 경우 당황해한다. 가끔씩 한국에 처음 온 일본 학생들은 반찬 1접시당, 얼마인지 물어본다. 게다가 일본 유학생들이 한국 식당에서 사람들이 반찬 리필을 하는 모습을 보면 반찬 1가지당 리필 가격이 얼마인지에 대해 질문하는데, 이때 반찬 리필이 무료라고 대답해 주면 성말 놀라워하며 이 음식을 준비하는 요리사분들에게 미안해하며 어쩔 줄 몰라 한다.

한번은 야외 수업 후에 학생들이 평소 좋아한다고 자주 말하는 감자탕을 먹기 위해 식당에 갔다. 일본 학생들은 감자탕이 나오자 함성을 지르며 그로부터 10분간은 음식 사진을 찍느라 식사를 개시할 수 없을 정도였다. 이런 모습을 보일 정도로 일본 학생들은 한국 문화의 모든 것을 좋아하고 존중하는 모습을 보인다. 게다가 감자탕 식당에서 반찬이 무료 리필 된다고 해도 너무 미안한 마음 때문에 리필을 하지 않거나 죄 지은 사람처럼 어렵게 리필을 한다.

한국 학생들 역시도 일본 학생과 우호적으로 잘 지내는 편이다. 과거 역사적인 문제가 있어 불편함을 느끼기보다는 과거 역사와 현재의 일본 학생을 분리하여 생각하는 경향을 보였다. 게다가 외모도 한국인과 유사하여 일반적으로 거부감을 느끼지는 않는 편이었다. 그래서인지 일본 학생들은 한국 친구들이 많은 편이었다.

다음으로 중국 학생들이다. 중국 학생들은 한국어가 한자를 공통적으로 사용하여 배우기 어렵지 않을 것이라 생각하여 한국으로 유학을 오는 경우가 많다. 비록 사드 배치 사건 이후로 중국 유학생이 많이 줄었지만 중국 학생들은 한국어 학습과 한국 문화에 여전히 관심을 가진다. 중국 학생들은 중화사상을 바탕으로 한국 문화를 접하고 가끔 한국이 중국 소속의 나라라고 생각하는 친구들도 있지만 무엇보다도 한국 문화를 좋아해서 오는 경우가 많다.

하지만 중국 학생들은 한국 친구가 많지 않은 편이었다. 한국 학생들도 중국 학생들과 가깝게 지내려고 하는 노력은 하지 않은 경향을 보였다. 그렇지만 중국 학생들 사이에 커뮤니티가 잘 구성되어 있고, 그 유대감 또한 강한 편이다.

그 외 인도네시아, 미얀마, 이란, 방글라데시, 캄보디아와 같은 지역

국가 역시도 한국어에 대한 관심이 늘어나고 있다. 이와 같은 국가들의 학생들은 자신의 인생 성공과 코리안 드림을 꿈꾸고 한국에 오는 경우가 많다. 특히 한류현상을 통해 K-pop, 한국 드라마와 영화 등이 그 지역에서 인기를 끌고 있는 경우 무조건 한국으로 유학을 오는 경우가 많다.

특히 필자가 만난 미얀마 학생들은 대부분이 K-pop이 좋아서 오는 경우가 많고 그 학생들에게 좋아하는 한국 아이돌이 있느냐고 질문하면 99.9%가 한국의 어떤 가수를 좋아하는지 정확하게 대답한다. 한국인인 필자도 정확하게 어떤 가수가 좋다고 말하기 어려운데 외국인 학생이 정확하게 한국 가수 누가 좋다고 이야기하며 그 가수의 노래 가사를 모두 외워서 부를 정도로 한국 가수에 대한 애정이 정말 깊었다.

다음으로는 한국의 기술 및 산업 분야를 인정하여 한국행을 선택하는 학생들이 많이 있었다. 한국은 전자제품, 자동차, 반도체 등 다양한 기술과 산업 분야에서 세계적인 선두주자라고 여기는 외국인들이 많이 있다. 이러한 기술적 전문성이 있는 한국에서 교육과 연구 경험을 쌓게 되면 동양의 개발도상국 사람들은 특정 산업 분야에서의 경력 기회를 얻을 수 있다고 생각한다.

이와 관련된 전공을 하는 중국 학생이 있었다. 기계공학 관련 전공을 위해 한국에 왔고 석사과정을 밟고 있었다. 이 학생은 기계공학 관련된 부분이 중국보다는 한국에서 배울 점이 더 많아서 한국행을 선택했다고 하였다. 이 학생은 참고로 아버지는 안 계시고 어머니와 단둘이서 중국에서 살았는데 이 학생이 말하길, 어머니께서 한국에 가서 열심히 공부해서 성공해서 돌아오라고 했다는 것이다. 이 학생은 어머니가 고향에 홀로 남게 되는 것이 두려워 한국 유학을 망설였지만 한국이 기계공

학뿐만 아니라 IT도 강국이라 한국으로 올 수밖에 없었다고 이야기하였다. 이 학생은 이후 한국 연구실에서 일하고 있다.

그리고 실제로 한국은 과학기술 분야, 의료와 약학 같은 분야의 연구와 개발에 많은 투자를 하고 있다. 대학, 연구소, 기업 등에서 다양한 연구 프로젝트와 협력 기회가 외국 학생에게 주어지고, 이들은 한국에서의 교육과 연구 경험을 통해 창의적인 아이디어를 발전시킨다. 또한 한국은 많은 산업 분야에서 혁신과 기술 개발을 위한 정책적인 지원을 제공하고 있어 외국 연구원들에게 유리한 환경을 제공한다.

필자의 학생들 중에서 의사, 보건의료 관련 전문직, 약학 전문직도 있었다. 이들은 국가 지원 프로그램을 통해 단기 연수 또는 장기 연수를 위해 한국에 온다. 외국인 연수생들은 한국의 관련 연수기관에서 연구 활동을 하며 한국에 대한 전반적인 교양 수업도 듣는데, 필자가 이때 이 학생들에게 한국의 전반적인 상황에 대해 강의를 하였다. 이들은 한국에서 기술과 지식 습득을 하고 자신의 나라로 돌아가 그 기술을 다른 사람들에게 전달하거나 한국에서 배운 대로 시스템을 운영한다.

이 과정에서 한국어와 한국 문화 수업은 그들에게 많은 도움이 되었고 한국의 위상을 일깨워 주는 과정이었다고 생각한다. 그 이유는 그들이 한국 문화 수업을 들으면서 한국인과 한국 사회를 이해하게 되었고, 그들이 한국에서 기술과 지식 습득을 하는 것에 대해 더 많은 감사함을 가지는 시너지 효과를 내었기 때문이다. 이런 평가는 그들이 직접 강의 평가에 쓴 내용이다. 그들은 "한국 사회, 문화, 한국어, 역사, 경제 등의 기본 수업은 한국이라는 나라를 더 잘 이해하게 되면서, 전공 연수도 쉽게 수용하고 이해하게 되었다."라고 말이다. 이들은 한국에서 배운 지식 습득과 문화를 고국으로 돌아가 또 다른 누군가에게 전달하며 한국을 알릴 것이 분명했다.

필자의 학생 중 한 명은 자국에서 필자에게 전통 옷을 보낸 적이 있다. 그 이유는 자신이 한국에 와서 한국을 알고 자신의 나라 사람들에게 한국에 대해 알려줌으로써 그 효과가 얼마나 큰지 깨달았기 때문이라며, 자신도 자신의 나라 전통 옷을 보내줄 테니 부디 한국 사람들에게 자신의 나라에 대해서 꼭 한 번 이상은 소개해 달라는 취지였다. 그래서 필자는 세계문화축제와 같은 때나, 강의가 있거나 다른 특별수업이 있다고 하면 그 학생이 보내준 전통 옷을 꼭 공유한다. 이 학생은 자국 문화를 외국에 알리는 활동이 얼마나 가치 있는 일인지 아는 것이다. 외국인들이 외국의 문화인 한국 문화를 습득하는 것은 한국의 위상과 경제에 많은 도움이 된다. 한국인도 이런 측면을 고려하여, 외국인들에게 좀 더 관대하고 친절하게 대한다면, 이러한 것은 국가발전에 보탬이 된다.

한국 문화의 영향을 받고 한국으로 유학 오는 경우도 많이 있다. 요즘은 예술 공연학과나 연극과 같은 전공을 하고 싶어서 한국에 오는 경우도 많다. 그 이유는 한국의 인기 있는 문화 콘텐츠, 예를 들면 한류(Hallyu)로 알려진 한국의 드라마, 음악, 영화 등이 한국에 대한 흥미와 관심을 불러일으켰기 때문이다.

이러한 문화적 영향은 한국에 대한 관심을 자극하여 한국 유학과 한국어 학습에 대한 동기를 주게 된다. 무엇보다 한류를 통해 외국인들은 한국을 문화 선진국으로 이해하며 한국에서 공연예술과 관련된 공부를 하고 싶어 한다. 미국 뉴욕주의 브로드웨이로 진출하여 공부하는 것보다 한류 영향으로 K-pop을 선호하며 한국으로 건너와, 실용음악이나 공연

〈가나와 한국 문화를 비교하며 공통점을 발표하는 연수생〉

〈한국에서 외국인 연수생들이 한국 문화와 고향 문화를 비교, 발표하는 모습〉*

〈한국어 강의를 듣는 외국인 학생들〉

---

* ODA 프로그램 또는 국가사업으로 진행하는 모든 연수사업에 한국 문화와 한국어 수업이 함께 병
   행된다면 성공적인 사업 평가를 받을 수 있다. 외국인 연수생들은 한국 생활에서 많은 오해를 한
   다. 그래서 한국 문화의 이해가 연수사업에 가장 중요한 역할을 하며 이 강의를 통해 한국에 대한
   이미지를 긍정적으로 가질 수 있는 효과를 보인다. 또한 이들이 한국어를 배움으로써 한국 역사와
   한국에 대한 친밀감과 애정이 형성된다. 한국어 역시 외국어 연수사업에서 필수 항목이라고 자신
   있게 말하고 싶다. 한국의 위상을 알리기 위해서는 전공과 관련된 정보와 기술도 중요하지만 한국
   과 관련된 강의가 함께 진행되어야 연수사업의 목적을 완벽하게 달성할 수 있다.

관련 전공을 하며 유명 소속사의 연습생으로 있는 외국 학생들도 많이 있다.

  이렇게 한국은 경제적 중요성, 문화적 영향력, 교육과 연구기회, 기술 및 산업 분야 등의 이유로 다양한 분야에서 큰 영향력을 발휘하고 있으며, 다른 나라에 협력과 기회를 제공하고 있다. 이러한 한국의 중요성과 영향력은 한국어를 배우고 사용하는 것의 가치를 높여주고, 한국어 구사는 한국과 다른 나라들 간의 소통과 협력을 강화하는 역할을 한다. 이제는 한국어가 동양인에게 필수적인 언어로 확대되고 있다.

제2부

아집이 남은 한국

07

―――――― " ―――――――――

한국 사람들은 외국인들에게
영어로 말하는 것을 좋아해요.

―――――――――――――― " ――――

한국어로 "안녕하세요."라고 말하는 것은 외국인에게 친절한 태도를 보이는 표현이다. 이것은 애국심과 더불어 국제적인 태도와 사회적인 관습에 따라 나타날 수 있다. 여기에서 애국심은 한국인이 한국에 대해 갖는 애정과 자부심을 의미하며, 한국어를 사용하여 외국인과 소통하려는 의지는 한국어와 한국 문화에 대한 관심과 애정을 나타낸다. 물론 일방적인 한국어 인사는 고집스러워 보이지만 먼저 외국어로 인사하는 것보다 한국어로 인사하는 것이 한국을 방문한 외국인에게는 더 도움이 된다고 생각한다. 만약 외국인이 먼저 영어로 질문하거나 인사한다면 그때는 영어로 대답하는 것이 좋은 방법이다. 상황에 따라 다르지만 유연하게 대처하며 외국인과 소통할 수 있는 언어를 선택하여 사용하면 좋을 듯하다.

동시에 국제적인 태도는 다양한 문화와 언어를 인정하고 존중하는 태도이다. 외국인에게 친절한 한국어로 인사하는 것은 국제적인 환대의 의미를 지니며, 상호 이해와 문화적인 다양성을 존중하는 태도를 나타낸다. 이런 태도는 상호 문화 간의 소통과 이해를 증진시키는 데 도움이 된다.

필자 역시도 언제부턴가 한국에서 국제 언어라고 하는 영어 대신 "안녕하세요."라는 말로 외국인들에게 인사를 하였다. 아마 위에서 소개한 외국인 교수님 사건 이후 많은 생각을 하면서 그리 정했던 것으로 기억한다. 그런데 한국어로 "안녕하세요."라고 인사하는 것은 필자가 생각했던 것보다 훨씬 더 외국인들이 좋아하며 "안녕하세요."로 화답해 주는 것이다.

한번은 백화점 엘리베이터 앞에서 외국인 엄마와 아이와 우연히 마주치게 되었다. 외국인 엄마는 한국어를 전혀 모르는 듯하였고, 외국인 아이는 6살쯤 되어 보였는데 필자에게 먼저 말을 걸고 표현하고 싶은 말을 다 할 정도로 한국어가 자연스러웠다. 그런데 그 아이 엄마는 한국인에게 다소 거리감을 두는 듯하였고, 그 엄마는 그 아이에게 자신의 고향 말로 그만 말하라고 하는 것이었다. 그때 필자는 그 외국인 엄마와 눈이 마주쳤는데 그때 필자는 "안녕하세요."라고 한국어로 인사했다. 그때야 외국인 엄마는 필자에게 경계를 풀고 웃으면서 "안녕하세요."라고 인사를 받아주었다. 그러더니 외국인 엄마는 필자에게 자신의 고향 말로 자신은 영어가 모국어인데, 한국 사람들은 이런 자신을 보고 영어로만 말을 붙이는 경향이 있다고 불쑥 말을 꺼냈다. 필자는 그 엄마의 말을 듣고 자동반사적으로 위로의 말을 전하니, 그 엄마는 "한국 사람들은 자신과 같은 외국인에게 영어로 이야기하는 것을 좋아하는 것 같아요. 왜 그런지 모르겠어요."라고 하는 것이다.

순간 필자는 한국어로 인사를 잘했다고 생각했다. 필자는 순간적으로 외국인 엄마가 자신에게 영어로 인사하는 것을 불편해한다고 느꼈다. 필자의 "안녕하세요." 인사는 그 외국인 엄마가 자신이 살고 있는 한국 사회에서 자신이 인정받고 있다는 듯한 느낌을 주었을지도 모른다. 영어로만 말을 붙이던 한국인 대신 한국어로 반갑게 인사하는 한국인을 만나기란 그녀에게 쉽지 않은 일이었다. 엘리베이터 사건으로 인해 '안녕하세요'의 위력을 다시 한번 느낄 수 있었다.

사실 한국인에게 "안녕하세요."라는 말은 아주 쉽고 간단한 기본 인사라고 생각할 수 있지만 외국인 입장에서는 어려울 수 있다. 왜냐하면 외국인 입장에서 간단한 한국어 인사조차 발음과 억양을 완전히 이해하고 구사하는 것은 어렵기 때문이다. 한국어 특징상 외국 언어와 다른 음운적 특징을 가지고 있어 외국인에게 어색하게 들리기 때문이다. 하지만 이런 인사를 한국인이 한다면 외국인들은 한국어 인사를 새로운 경험으로 받아들일 가능성이 크고 외국인 자신 역시도 "안녕하세요."라는 인사를 집으로 돌아가 거울을 보고 수십 번 연습할 것이다. 필자의 학생들 경우를 보면, 집에서 거울을 보고 연습을 많이 하기 때문이다.

무엇보다 한국에서 지내는 외국인에게는 한국어가 매우 중요하다고 느낀다. 이런 외국인이 한국인으로부터 한국어로 인사를 받는 것은 그들이 이 언어를 배우고 사용하려는 노력을 인정받는 것으로 느낄 수 있고, 이런 한국어를 구사함으로써 외국인들은 한국어에 대한 존경과 관심을 높일 수 있다. 이와 같은 언어의 상호작용이 선순환의 결과를 가지게 된다면 한국의 다양한 분야에 긍정적인 영향을 미치는 시작점이 될 수 있다. 외국인들이 한국어를 습득하게 되고 한국인과 소통하게 된다면 세계 여러 나라의 사람들과 한국인들이 교류하며 한국 사회발전에 미약하게나마 도움이 되리라 생각한다.

"

08

나에게 'Hello'라고 인사하는 것은 인종차별이에요.

"

필자는 한국에서 외국인을 보면 "Hello" 대신 "안녕하세요."라고 인사하는 경향이 있다. 그 이유는 필자가 이와 관련된 일화를 경험하게 되면서 영어로 "Hello"라는 말 자체가 영어권 국가를 제외하고 인종차별로 받아들여질 수 있다는 것을 알기 때문이다. 필자가 석사과정을 밟던 시절, 프랑스에서 오신 교수님이 있었다.

그 교수님께서 수업에 들어오시자마자 하얀 얼굴이 홍당무처럼 붉어지며 자신이 아주 많이 화가 났다는 것이다. 필자와 다른 동기 학생들은 무슨 일인지 여쭤보게 되었고, 그 교수님은 그때부터 더 화를 내며 한국인의 잘못된 행동에 대해 이야기하셨다. 그날 몇 시간 동안 교수님께서 생각하는 한국인의 잘못된 사고방식에 대해 말씀하셨던 추억이 떠오른다.

그 교수님은 자신이 서양인인 것은 맞지만 북미나 영국, 호주와 같은 서양권이 아닌데 왜 자신에게 항상 "Hello"라고 하느냐는 것이다. 자신의 외모를 보고 국적을 판단해서는 안 된다며, 자신은 영어가 모국어가 아닌 서유럽사람이라는 것이다. 왜 한국 사람들은 자신을 미국 사람으로 오해하는 행동을 하느냐며 한국인들은 서양인만 보면 미국인으로 착각하는 고정관념이 자리 잡혀 있고, 인종차별을 너무 쉽게 한다는 주장이었다.

듣고 보니 교수님 입장에서는 일리가 있는 말씀이다. 문제는 필자도 이런 문제에 대해 문제의식을 가지고 있지 않았기에 길에서 마주치는 외국인 누구든 "Hello"라고 말했던 것이다.

이 일이 있고 난 후, 한국에 머무는 외국인에게 어떤 언어로 인사하는 것이 가장 적합할지에 대해 고민하게 되었다. 나는 단순해 보이는 문제지만 복잡함이 내재되어 있는 "Hello"와 "안녕하세요."라는 인사 언어에 대해 깊게 생각하게 되었다. 언어는 그 나라의 문화이고 그 나라의 혼과 정체성을 나타내는 역할을 한다. 따라서 외국인에게 한국어로 인사를 한다면 어느 나라에도 치우쳐지지 않은 가장 객관적이고 공평한 인사가 될 수 있을 것이라 생각된다. 그 이후에 깨달은 것이지만 화가 엄청 난 외국인 교수님뿐만 아니라 국내 유입의 외국인 누구든 한국어로 "안녕하세요."라는 인사를 무척 좋아하고 평등하게 느끼고 있다. 나는 이 사실을 알고 난 이후부터 한국에서 외국인을 만나면 "안녕하세요."라고 인사한다.

더 신기한 점은 필자가 "안녕하세요."라고 하면 대부분의 외국인이 "안녕하세요."라고 대답한다. 교수님께서 화를 안 내셨더라면 필자는 국내에 머무는 외국인에게 한국어로 "안녕하세요."라고 인사하는 것을 깨닫기 힘들었을 것이다. 이 글을 읽는 여러분도 외국인을 만난다면 한번

"안녕하세요."라고 인사해 보자. 한국인인 당신과 외국인 서로에게 좋은 경험이 될 것이다.

외국인 교수님의 일화로 인해 필자가 외국에서 경험한 비슷한 일들이 떠올랐다. 필자가 캐나다 오타와 유학 시절, 오타와에는 한국인이 많지 않았다. 그곳에서 아시아인의 대부분은 중국인이거나 일본인이었다. 필자가 당시에 머무를 때는 오타와에 머무는 한국인이 100명 이하로 소수였다.

한번은 길을 가는데 그 나라 사람들이 필자를 향해 "메이요우, 메이요우 니하오, 쉐쉐"라고 하는 것이다. 대충 들어봐도 중국어였는데, 그 당시 오타와 몇몇 시민들이 필자를 보고 중국인으로 인식하고 자신이 알고 있는 중국어를 필자에게 쏟아냈던 것이다. 순간 당황해서 아무 말도 못 하고 지나친 적이 있었다.

그런 일이 있고 3일 후에 학교 캠퍼스 내에 있는 운하에서 어떤 중년의 아주머니를 우연히 만났는데 그 아주머니께서 필자에게 "Are you a Japanese?"라고 하는 것이다. 이번에는 또 일본인이냐고 하는데 중국인으로 오해하며 받았던 설움이 있었던지라 순간 필자는 일본인이 아니라고 적극적으로 대답하였고, 필자가 어딜 봐서 일본인 같으냐고 다시 물어봤던 기억이 난다. 필자가 한국을 아느냐고 하니 그 아주머니가 한국을 모른다고 하시면서, 혹시 북한을 이야기하는 것 아니냐는 것이다. 참고로 캠퍼스 내 운하는 외다리 같은 형태인데 그 외다리 같은 운하 중앙에 서서 북한이 아닌 남한인 한국에 대해 한참을 설명하였다. 그리고 그 아주머니께 한국에 대해 정확하게 알고, 기억했으면 좋겠다며 신신당부했던 기억이 떠오른다. 그 캐나다 아주머니와 헤어지면서도 몇 번을 뒤

돌아보며 "저는 한국인이에요!"라고 소리쳤던 기억이 난다. 필자는 아시아인이라는 이유로 한국인이 아닌 중국인이나 일본인으로 오해를 받게 되면 정말 정체성에 금이 가듯 상처를 받은 기분을 경험해 봐서 너무나 잘 안다. 그 일을 겪을 당시의 감정은 무엇인지 모를 서운함과 기분 나쁨이 동반되었고, 중국인은 보통 어떤 얼굴형인지, 일본인은 보통 어떤 얼굴형인지 스스로에게 여러 번 질문했던 기억이 난다.

그래서인지 한국에 머무는 외국인에게 필자는 간단한 언어로 상처를 주고 싶지 않아서 필자가 터득한 방식은 한국어로 "안녕하세요."라고 인사하는 것이다. 이 글을 읽는 독자분들도 지금부터라도 국내 유입 외국인에게 "안녕하세요."라고 인사하기를 추천한다. 당신이 한국어로 인사하게 되면 외국인은 자신감을 가지게 된다. 한국인이 자신을 인정하고 있다고 느낄 것이고, 이런 경험은 나아가 그 외국인이 한국을 위해 비전을 제시할 수 있는 첫 발걸음을 뗄 수 있게 도와주는 것이라 할 수 있다. 옛날 속담에 '말 한마디에 천 냥 빚을 갚는다.'라는 말도 있지 않은가. 그만큼 말은 보이지 않는 큰 힘을 가지고 있고 사소한 인사에서도 그 힘을 발휘할 수 있다.

이렇게 외국인의 입장에서 다소 불편한 느낌을 받는 에피소드를 알아보았다. 한국인들이 서양인을 보면 보통 미국인으로 생각하는 것은 일반적인 인종차별은 아니지만, 문화적 선입견의 영향을 받는 경우일 수 있다. 이러한 인식은 한국에 대한 미국의 대중문화와 영화산업의 영향력이 컸기 때문에 한국인들이 외국인들을 보면 자연스럽게 미국을 연상하는 경우가 많은 것이다.

이러한 문화적인 선입견은 상대방에게 오해나 불편을 줄 수 있으므로, 서로의 문화와 다양성을 존중하며 이해하는 것이 중요하다. 문화 간 소통에서는 상황에 맞는 인사 방식을 사용하고 서로의 문화적인 배경을 존중하며 소통을 시도하는 것이 인종차별과 같은 문제에 도움이 된다고 생각한다. 무엇보다 가장 중요한 것은 문화 간 소통에서는 서로의 문화적인 차이를 이해하고 존중하는 것이 중요하다. 상황에 맞는 인사 방식을 사용하고, 서로의 문화적인 배경을 이해하며 소통을 시도하는 현명한 한국인이 되었으면 한다.

09

저는 한국말을 할 수 있어요. 그리고 인형 머리카락이 아니에요.

한번은 수업 시작 전에 학생이 오늘 있었던 안 좋은 일에 대해 불만을 마구마구 쏟아낸 적이 있다. 그 학생은 지하철을 타는데 한국 사람들이 "어, 외국인이다."라고 하며 손가락질을 했다는 것이다. 또한 자신을 "노란 머리다."라고 부른 한국 사람들도 있었다며, 자신이 한국에서 살면 평생 손가락질을 받으며 살아야 하는 것인지, 자신이 이렇게 외계인 취급을 받아야 하는 것인지 하는 질문들을 아주 슬프게 이야기한 적이 있었다.

또 다른 학생은 북미권에서 온 외국인 학생이었는데, 한국에 오기 전부터 열심히 한국어를 해서 한국인 수준으로 한국어를 하는 학생이었다. 이 학생이 말하기를 자신이 미국 사람처럼 보여서, 한국 사람들이 자신을 볼 때마다 영어로 이야기를 한다는 것이다. 이 학생은 자신은 한국어를 잘하니까 한국어로 이야기하고 싶은데 한국인이 계속 영어로 질문하니까 어쩔 수 없이 영어로 대답해야 한다는 것이다.

그래서 필자는 영어로 질문받는 것보다 한국어로 말하고 싶으면 영어로 질문받더라도 한국어로 대답을 해보라고 조언을 준 적이 있다. 또한 한국어로 이야기하고 싶으면 상대 한국인들에게 한국어를 할 수 있다고 말해 보라고 하였다. 그 이후 그 학생은 필자가 조언한 대로 시도해 본 후, 이렇게 말했다. "선생님, 영어로 질문해서 한국어로 대답하니까, 또 영어로 질문하고, 계속 영어로 말해요." 게다가 필자의 외국 학생이 "저는 한국말을 할 수 있어요."라고 하자 한국인이 "오케이, 그레이트(Okay, so great!)"라고 영어로 대답하였다고 한다. 그래서 그 학생은 한국어를 잘함에도 불구하고 영어로 계속 이야기하게 되었다는 것이다. 이와 같은 두 사례의 학생들은 빨리 고향으로 돌아가고 싶어 했다. 그 이유는 한국에 오기 전의 기대와 너무 다르기 때문이다.

한국인들이 서양인들만 보면 한 번쯤은 더 쳐다보는 태도에 대해, 필자의 서양권 학생들은 자신들이 인종차별을 당하고 있다고 생각하였다. 그 학생은 한국 사람들이 왜 이렇게 자신을 쳐다보는지에 대해 너무 속이 상한 나머지 필자에게 다짜고짜 손을 들고 이렇게 말했다. "선생님, 미국 사람들은 샐러드를 무쳐놓았어요. 사람 샐러드 알아요?" 이렇게 말하자, 옆에 있던 다른 외국 학생은 필자가 못 알아들을까 봐 "사라다요. 사라다."라고 보충설명을 한 기억이 난다. 순간 필자의 경력이 빛을 발하는지, 학생이 어떤 발화를 해도 척척 해석이 가능한 필자의 모습을 발견했다. 필자는 "네, 미국 사람들 샐러드 알아요."라고 말했다.

지금 이 글을 읽는 당신은 무엇이라 생각하는가? 필자의 미국 학생이 이야기하는 것은 'Salad bowl', 즉 미국의 다문화 통합관련 개념을 나타내는 용어를 설명한 것이다. 이 용어는 미국 사회에서 다양한 문화적·인종적·종교적, 그리고 언어적 배경을 가진 개별 개체들이 함께 공존하는 모습을 비유적으로 설명하는 데 사용된다.

Salad bowl의 의미는 다양한 인종과 문화가 각각의 개별적인 존재로 존중되고 유지되면서 하나의 사회 또는 국가를 형성한다는 것을 나타낸다. 이 개념은 각각의 다른 문화 요소들이 개별적으로 존재하면서도 그들 간의 상호작용과 공존이 이루어지는 것을 강조한다. 각각의 문화는 개별적인 존재이지만, 그들이 모여 하나의 '사라다'처럼 다양한 맛과 색깔을 갖게 되는 것을 비유한다.

그런데 미국의 다문화 통합관련 개념에서 일부는 Salad bowl로, 다른 사람들은 Melting pot으로 설명한다. Melting pot은 Salad bowl과 다르게 다양한 문화, 인종, 종교, 언어 등의 다양성을 가진 사람들이 미국으로 이주하여 정착하고, 그들의 개별적인 문화적 특성이 서로 융합되어 하나의 통합된 미국 문화로 녹아 들어가는 것이다. 하지만 중요한 것은 두 개념 모두 다양성을 존중하는 것이다.

그 학생의 이야기를 듣기 시작했다. 그 학생은 한국 사람들이 자신에게 머리가 작아서 너무 좋겠다고 하였다는 것이다. 그런데 미국 학생의 입장에서 머리가 작다는 소리는 머리가 나쁘다는 소리로 인식되기 때문에 한국인의 의도와 다르게 기분이 나빴던 것이다.

또한 머리카락이 자연적으로 곱슬이나 그냥 파마했냐부터 시작해서 머리는 원래 금발인지, 눈은 렌즈를 착용한 것인지 아닌지까지 다양한 질문을 받았다고 한다. 이로 인해 미국 학생은 상처를 받았다는 사실과, 미국 사람들은 외모에 상관없이 서로 존중한다는 사실을 말하고 싶었다고 한다. 필자의 학생은 한국인 누구나 외국인을 대할 때, 샐러드 볼과 같은 마음가짐을 가지기를 바라는 것이다.

한번은 이런 일도 있었다. 필자가 코이카(한국국제협력단)에서 봉사활동을 할 때 만난 카메룬 외교관인 필릭스라는 친구가 있었다. 그 친구는 고위 관직 연수 프로그램으로 한국에 1년간 머물게 되었는데, 나는 그 친구와 피지에서 온 경제부 부장 로메나의 담당 코디네이터가 되었다. 필릭스는 키도 크고 스포츠 광고 모델 같아서 한국 초등학생들에게 사인을 여러 번 해줄 정도로 멋진 친구였다.

로메나는 30대 후반 정도 나이에, 책을 좋아하고 자국에 대한 애국심이 아주 강한 친구였다. 필릭스는 흑인 친구였고 로메나는 인도 출신이었는데, 이 둘의 특색은 좀 달랐다. 필릭스는 한국인에게 인종차별을 당한다고 생각하였고, 로메나는 어려서부터 교육된 인도인의 자존심과 자부심이 있어서 항상 자신이 우월하다고 느꼈기 때문에 한국인이 설령 인종차별을 하는 상황이 있더라도 신경 쓰지 않았다.

이 두 명의 친구와 필자까지 포함하여 3명이 1년간 가족같이 지냈는데 나는 이 시간을 잊지 못한다. 우선 우리 세 사람은 서로 다른 국적과 인종이었고 가장 중요한 것은 우리 세 사람은 성격이 너무 달랐다. 더욱이 로메나와 필릭스는 만나기만 하면 서로 사이가 좋지 않았다. 이 두 사람의 한국 생활을 통해 필자는 외국인을 생각하는 태도가 달라졌다.

필릭스는 운동을 아주 좋아하는 친구라, 한국에 오기 전부터 유도를 꾸준히 해온 친구였다. 그래서 유도 관련 동호회나 동아리를 찾아다녔는데 거주지와 거리가 멀어 학교 내 동아리에서 가능한 운동을 하고 싶어했다. 그렇게 필릭스와 필자는 이런저런 동아리를 함께 알아보고 운동장을 지나던 중, 축구동아리 학생들이 축구하는 모습을 보게 되었다.

필릭스는 "정말 축구동아리에 들어가서 축구도 같이 하고, 한국 친구도 사귀고, 한국 문화도 배워보고 싶어."라고 하였다. 필자는 필릭스에게 얼른 가서 축구 주장에게 물어보고 오라고 하였다. 시간이 얼마 지나지 않아, 필릭스가 다소 굳은 표정으로 걸어왔다. 필자는 어떻게 되었냐고 하니 필릭스가 하는 말이 "내가 외국인이라 이 동호회에 들어올 수가 없대."라고 하며 "한국인은 외국인을 싫어하나 봐. 특히 나는 흑인이라 한국인이 더 싫어하는 거 아니야?"라고 하는 것이다. 이는 필릭스가 오해한 부분이 있었는데, 이 부분을 인종차별이라 느낀 것이다. 사실 외국인이라서라기보다는 먼저 문의한 대기자들이 있었기 때문에 가입이 어려웠는데, 필릭스는 자신이 흑인 외국인이라 무시당하고 있다고 생각하였다.

필자는 당시 어린 나이라 어쩔 줄 몰랐지만 필릭스에게 "네가 정말 하고 싶다면, 가서 네 상황과, 네가 축구를 하면 팀원들에게 어떤 도움이 되고 어떻게 지내고 싶은지, 가서 잘 이야기해 봐."라고 이야기한 적이 있다. 사실 필릭스는 카메룬이라는 나라에서 왕족같이 지냈던 친구라 원했던 모든 것을 대부분 해왔기에, 이런 상황이 정말 어색했던 것이다. 그래서 필자는 필릭스에게 "필릭스, 노력을 해봐. 바라지만 말고 먼저 다가가서 노력해 봐. 그리고 그때도 안 된다면 너와 인연이 아니야."라고 말이다.

그리고 그런 일이 있고 일주일 후, 필릭스를 다시 만났는데, 필릭스는 뛸 듯이 기뻐하며 가입이 어려웠던 축구동호회에 가입하게 되었다는 것이다. 필자는 어떻게 그렇게 좋은 결과를 가져오게 했냐고 물어보니, 그 축구 팀원들에게 가서 이렇게 말했다고 한다.

"나는 외국인이지만 흑인 외국인으로 보지 말고 그냥 여기 사는 형이라고 생각해 줘. 나를 받아준다면 1년 동안 너희들에게 영어와 유도를 알려 주고 싶어. 그리고 동물을 좋아하면 우리나라 사파리에 언제든지 놀러 와도 돼."

필릭스의 이런 말에 축구동아리 팀원들이 긴급회의를 소집하여 필릭스를 받아주기로 했다는 것이다.

이렇게 외국인이 낯선 곳에 적응하는 것은 쉽지 않다.

1년 후, 필릭스가 떠날 때쯤, 축구동아리 팀원들은 과거보다 국제적인 마인드가 형성되어 보였다. 그 이유는 필릭스가 자국으로 돌아갈 때쯤 축구 팀원들은 영어회화 실력이 향상되었고 필릭스와 시간을 보내며 외국인과의 교류하는 법도 배우게 되었다.

게다가 한국 학생들이 외국에 나가는 일은 자주 있지만 한국에서 외국인과 어떤 활동을 하며 함께 생활하는 것은 보기 드문 일이다. 나중에 들은 이야기지만 축구 팀원 학생들이 취업 자기소개서에 필릭스와의 이야기를 많이 썼고, 면접에서 면접관이 물어봤을 때도 아주 재미있게 이야기했다는 것이다. 이런 스토리텔링으로 면접관은 이 학생들의 국제적인 태도와 마인드를 확인했을 것이다.

한국 학생들은 이를 계기로 세상을 보는 눈을 새롭게 길렀고, 외국인과 생활해 봄으로써 좀 더 발전된 국제적인 태도를 갖추게 되었다. 외국인에게 한국인의 조그마한 친절은 나중에 한국인에게 두 배로 돌아온다. 이런 일화를 통해 조금이라도 외국인에게 존중과 예의를 갖춘다면 서로에게 긍정적인 영향과 이익을 가져다주는 것을 살펴볼 수 있다. 이런 사소한 태도의 변화는 한국의 미래에 좋은 영양분이 될 수 있을 것이다.

필릭스 이야기에 이어 로메나의 이야기를 해보고자 한다. 로메나는 한국 문화에 관심이 많은 친구였다. 명동 거리에 나가서 주 1회마다 옷을 사기 위해 기본 100만 원 정도 지출하고, 한국 식당에서는 여러 음식을 시켜 풀코스로 음식 먹는 것을 좋아하는 친구였다. 한번은 로메나와 옷 쇼핑을 하러 명동에 같이 간 적이 있는데 로메나는 "Oh, I like this and this and that and…"라고 하며 잡히는 대로 옷을 고르고 사니 옷 가게 사장님이 너무 기뻐했던 일을 여전히 기억한다.

시장 옷집에서 100만 원씩 옷을 위해 지출하는 것은 정말 옷을 많이 사는 것이라 할 수 있다. 특히 로메나가 제일 좋아했던 일은 로메나의 사주팔자와 점을 보러 가는 일이었다. 필자에게 무속인을 만나러 언제 갈 수 있느냐고 반복적으로 물어봐서 정말 곤란했던 기억이 난다.

그래서 결국 날을 잡아 로메나와 철학관에 갔는데, 그녀와 함께 간 철학관 방문 첫날을 잊지 못한다. 필자는 그때, 로메나와 철학관을 운영하시는 분 사이에 통역을 맡아 했는데 로메나가 너무 많은 질문을 하고 철학관 선생님은 너무 많은 설명을 하여 필자가 정신이 없었던 기억이 있다. 로메나는 진심으로 운명의 짝을 만나고 싶어 했다.

철학관 선생님은 지금은 때가 아니라며 로메나에게 3년을 기다리라고 했는데, 그때, 로메나는 너무 슬퍼하며 3년씩이나 어떻게 기다리느냐는 것이었다. 철학관 선생님은 운명이 그러하다면 기다리는 게 답이라며 로메나를 설득했고 로메나는 3년 후, 운명의 짝을 만나기 위해 3년 동안 열심히 살기로 마음먹었다. 그날 이후로, 로메나는 무슨 일이 생기거나, 궁금한 일이 생기면 철학관 선생님을 찾아갔다.

물론 통역이 필요해 필자에게 늘 연락했지만 필자가 갈 수 없는 날이면 유선상으로 통역을 하기도 하였다. 로메나는 최소 한 달에 한 번 방문하였고 철학관 선생님은 로메나의 전담 카운슬러가 될 수준에 도달하였다. 로메나의 잦은 방문은 철학관 선생님께 영어공부를 하는 계기가 되었고, 그때부터 철학관 선생님은 영어공부를 열심히 하여 외국 손님도 받기 시작하였다.

더욱 신기한 것은 3년 후 로메나는 운명의 짝을 만나 결혼하였고 지금까지 아주 잘살고 있다. 얼마 전 로메나는 필자에게 연락이 와서 철학관 선생님께 뭐 좀 물어봐야겠는데 연락할 수 있느냐는 것이다. 필자는 그 철학관을 찾아가 보니 철학관은 없어졌고 어디 외국으로 진출했다고 옆집 가게 사장님이 이야기해 주셨다.

철학관 선생님은 정말 보수적이셨는데도 불구하고 여러 번 로메나를 만나며 마음을 열게 되었고 영어공부를 시작하고 외국인 손님을 받고, 그리고 해외 진출을 하셨다. 만약 외국인을 받지 않았다면 철학관 선생님의 운명은 어떻게 되셨을까.

한번은 흑인 학생이 한국에서 사는 삶이 너무 힘들고 고통스럽다고 이야기하였다. 필자는 그 학생의 이야기를 듣기 전 '한국인이 하는 만연한 인종차별 이야기를 하려나 보구나.'라고 생각했다. 하지만 필자의 흑인 학생의 이야기를 하나씩 들으면서 한국 어른들이 너무 무례하다는 생각을 하였다.

우선 그 학생이 인천공항에 도착해서 택시 탑승을 시작으로 흑인으로서의 고통을 느꼈다고 한다. 택시 기사분들 중에 유머라고 생각하시며 흑인 학생에 대한 비하적인 말을 하는 경향이 있다는 것을 필자도 익히 경험해서 안다. 하지만 한국이 타국인 이상 그 유머는 잘 받아들여지지 않는다. 한번은 흑인 학생이 길을 걷는데 갑자기 한국인이 와서는 다짜고짜 흑인 학생의 몸을 만졌다는 것이다.

어떤 허락도 없이 누군가의 몸을 만지는 것은 성범죄이다. 더욱이 흑인 학생은 외국 문화에서 이런 경험을 한 적이 없었기 때문에 아주 많이 당황하고 무서웠다고 했다. 흑인 학생이 말하길 "그 사람이 저에게 아무 말도 없이, 어떤 허락도 없이 와서는 제 몸의 이곳저곳을 만졌어요. 제 피부가 궁금하다고 하면서요." 그 학생은 너무 당황했지만 이런 한국인의 행동이 한국 문화로서 반갑다는 인사인지 뭔지 잘 몰라 기분은 상당히 나쁘지만 어떻게 할 방법을 몰랐다고 하였다.

또 한번은 그 학생이 마트에 갔는데 어떤 할머니들께서 앉아 있는 흑인 학생에게 가서 머리를 잡아당겨 봤다는 것이다. 학생은 너무 놀라 그 할머니들을 쳐다보니 그 할머니들께서 하시는 말씀이 "진짜야? 진짜? 진짜냐고? 인형 머리 같구먼."이라고 하였다는 것이다. 할머니가 "진짜야?"라고 하는 것은 흑인 학생의 머리가 진짜 머리냐는 것이다. 이 학생의 동의 없이 할머니들의 궁금증을 해소하기 위해 막무가내로 머리를 잡아당겼다니 정말 필자의 얼굴이 붉어질 정도로 부끄러웠다. 그래서 흑인 학생은 필자에게 "인형이 그 인형이에요?"라고 여러 번 물어본 적이 있었다.

대부분의 한국 사람들은 다양한 인종에 대해 교육을 받은 경우가 거의 없다고 본다. 흑인 학생 입장에서 볼 때, 무례하게 흑인을 만지거나 신기해하는 행동은 일부 한국인의 문화 또는 교육 수준에 기인한 것으로 해석된다. 이러한 행동은 전형적으로 무시나 미숙함, 편견, 차별, 인종주의 등과 관련이 있다고 본다.

이들은 흑인 인종에 대한 지식이 부족하거나 올바른 예절을 배우지 않았을 수 있다. 실제로 한국의 정규교육에서 인종에 대해 학습하는 과

목은 찾아보기 힘들다.

한국 교육체계에서 흑인에 대한 교육은 일반적으로 다루지 않는 경우가 많다. 한국 교육 시스템은 국내 역사, 문화, 사회 구조에 초점을 맞추고 있으며, 이는 주로 한국인과 관련된 내용을 다루는 것이 특징이다. 따라서 흑인에 대한 교육은 과거와 현재의 인종문제, 다양성, 인권 등과 관련된 교육 프로그램이나 커리큘럼에 포함되지 않는 경우가 많다.

그러나 최근 몇 년간 한국에서는 다문화 교육의 중요성을 인식하고 이를 강화하려는 노력이 있다. 학생들에게 다문화 교육을 통해 다른 문화와 인종에 대한 이해, 존중, 인권 등을 가르치려는 시도가 있다. 하지만 최소한의 다문화 교육이 이루어진다고 혁명적인 변화가 이루어지지는 않는다. 또한 흑인에 대한 교육은 아직까지 다문화 교육의 일부로 포함되지 못한 경우도 있어서, 다문화 교육 시 개선될 부분이다.

사회적인 변화와 다문화 교육에 대한 인식이 높아지고 있는 추세이므로, 앞으로 흑인에 대한 교육이 더욱 발전할 수 있을 것으로 기대된다.

위의 일화에서도 나타나듯이 한국인의 편견과 차별로 흑인에게 무례하게 행동했을 수 있다. 일부 한국인은 인종과 관련된 편견을 가지고 있다. 이들은 어떤 인종을 '다른 종의 동물'이라고 여기거나, 무례하거나 경멸하는 행동을 보이는 원인이 된다. 특히 한국인이 단일민족이라고 생각하는 경우 더욱 그러하다.

보통 한국 사람들은 흑인들을 자주 만나지는 못하고, 보통 미디어를 통해 흑인을 접하게 된다. 영화와 흑인관련 미디어를 통해 흑인 인종에 대한 이상화나 흑인을 받아들이는 방식이 이들에게 실망하는 태도나 표현이 많은 편이다. 이런 미디어 교육은 인종주의적인 사고방식 형성에 영향을 미쳤을 수 있다. 일부 한국인은 흑인을 단순히 '신기한' 대상으로 여기거나 소유의 대상으로 취급한다.

흑인을 대할 때의 일부 한국인의 행동은 개인의 심리적 문화적 사회적 배경과 교육 수준에 따라 달라질 수 있다. 그러나 중요한 점은 흑인을 만지거나 신기하게 보고 발화하는 행동은 공격적이고 차별적인 것이며, 서로 다른 인종 간의 존중과 평등을 무시하는 것이다. 인종 간의 상호 이해와 존중을 증진하기 위해서는 교육, 인식 확대, 문화적인 다양성에 대한 이해와 인종 평등을 증진하는 노력이 필요하다.

외국인을 대할 때, 우리는 또 다른 '외국인 전용적인' 태도를 보일 필요가 없다. 다만 기본적인 존중만을 보여준다면 성숙한 시민 문화로 찬사를 받을 것이다.

10

선생님, 저는 양놈입니까?

우리가 한국에서 다른 지역으로 이사하고 적응하는 일은 쉽지 않다. 하물며 외국인이 한국에 와서 한국 사람들과 섞여서 한국 문화를 배우고 한국 생활을 하는 것은 아주 어려운 일이다. 이는 새로운 도전이라 할 수 있고 이 새로운 도전 속에 많은 어려움이 있을 것이다.

한번은 미국에서 한국 유학을 온 미국 학생이 너무 속상하다고 한 적이 있었다. 그 학생은 지방의 전통문화를 배우기 위해 전주로 일주일 동안 여행을 간다고 하였다. 전주로 여행을 갈 거라고 종강 전까지 계속해서 반복적으로 자랑하고 또 자랑하며 설렜던 기억이 있다.

그래서인지 가끔 잘 잊어버리는 단점이 있는 필자도 학생에게 먼저 "전주 여행을 다녀왔어요?"라고 잊지 않고 물어볼 정도였다. 하지만 전주 여행을 가기 전 설렜던 표정과 다르게 전주 여행 이야기를 하니 속상한 표정을 한가득 보이며 한숨을 내쉬는 것이다. 필자는 순간 학생에게 잘못 물어본 것인지 걱정이 되었다.

그 학생은 이렇게 말했다. "저는 전주 한옥마을 앞에 호떡이 유명하다고 해서 갔어요. 호떡 가게를 찾아가는 길에 어떤 할아버지를 만났어요. 그 할아버지께서 갑자기 저에게 화를 내면서 '양놈이다! 이 양놈이 여기가 어디라고 왔어!'라며 소리를 질렀어요. 저는 너무 슬펐어요."라는 것이다.

사실 필자는 학생의 이야기를 듣고 아직까지도 서양인에게 '양놈'이라고 부르는 할아버지가 계신 것에 대해 놀랍기도 하고 웃기기도 하였다. 어쩌면 그 할아버지가 한국의 살아 있는 과거 역사라는 생각도 들었다. 그 학생은 필자에게 "제가 양놈이에요? 양놈은 무슨 말이에요? 양놈은 나쁜 사람이에요?"라며 끊임없이 질문하였다. 이번에도 필자는 왜 그 할아버지가 외국인 학생에게 양놈이라고 했는지 알 수 없으나 그 할아버지로 빙의하여 학생의 오해를 풀어야 한다는 것만 정확히 알고 있었다. 사실 양놈이라는 의미는 서구권의 멸칭을 의미하지만 학생에게 할아버지가 너를 멸칭하는 것이라 설명하기에는 교수자로서 올바르지 못한 행동이라는 것을, 교육자로서 누구보다 잘 아는 사실이기에 역사적으로 우선 올바른 설명을 해주었다.

'양놈'이라는 기원은 조선왕조 후기에 미국, 영국, 프랑스 등의 서구권 국가가 조선과의 통상을 원했지만, 흥선대원군의 쇄국정책도 있었고, 여기에 프랑스의 병인양요, 미국의 신미양요로 인해 침략을 당한 계기도 있으며 심지어는 독일 상인 오페르드가 흥선대원군의 아버지인 남연군의 묘를 도굴하려다 미수에 그친 사건까지 벌어지게 되자 조선 민중에게도 반양 감정이 격화되면서 서양인의 양에 경멸을 표하는 욕을 붙인 단어로 알려졌다. 당시에는 양놈보다는 '양이', '서양 오랑캐'라는 말을 주로 사용하였고, 서양 여자한테는 '양년'이라는 욕도 있었다. 하지만 1988년 서울 올림픽이 열리고 나서는 거의 사용하지 않았던 것으로 알려졌으나 지금도 노인들 사이에서는 간혹 쓰이고 있는 비하의 의미가 담긴 단어이기도 하다.

이런 내용을 학생에게 우선적으로 설명해 주었다. 한국인의 전통 유교사상과 보수적인 어르신들의 사상을 잘 이해하고 있었던 학생은 그 할아버지 시대의 경험과 교육이 그러하였다면 여전히 그렇게 생각할 수도 있겠다고 이해하였다. 하지만 감정적으로 너무 마음이 상해서 앞으로 더 이상 '양놈'이라는 말을 듣고 싶지도 않고 한국 할아버지들을 이해하기 어렵다고 하였다. 이 학생이 이런 부정적인 말을 듣고 한국인에게 배신감과 실망감을 많이 느끼는 이유는 평소 한국인을 존중하며 한국 생활을 했기 때문이다. 그래서인지 한국인도 자기를 존중해 주기를 바라는 마음이었지만 그 반대의 상황으로 한국인에게 깊은 상처를 받게 되었다.

이 학생이 1년 동안 한국 생활을 잘 이어왔지만 할아버지의 '양놈'이라는 한마디 말에 한국 생활에 대한 긍정적인 인식이 무너지게 된 것이다. 그 이후부터 학생은 한국인에 대해 좀 더 조심하고, 어떤 문제가 발생할 시, 그 상황에서 부정적으로 먼저 해석하고 오해하는 경향을 보였다. 또한 자신이 외국인이라는 정체성을 더 강하게 인지하고 있었다. 만약 그 학생이 전주 여행 때, 친절하신 할아버지를 만났더라면 한국의 정을 배웠지 않았을까 하는 아쉬움이 생겼다. 이런 학생의 경험을 보더라도 한국인으로서 외국인을 대할 때, 좀 더 긍정적이고 온화한 태도를 취하면 어떨까 생각해 본다.

이렇게 한국 문화를 받아들이고 적응하는 것이 어렵지만 외국인 유학생들은 한국 문화를 이해하고 받아들이기 위해서 순간순간을 노력하였다. 이 학생의 경우 국가 프로그램으로 한국 유학을 위해 선발된 장학생이었는데 이런 유사한 사례를 반복적으로 겪으며 한국 문화를 오해하고 한국인과 갈등하는 일이 많아지게 되었다. 이 학생은 키 190cm가 넘는 건장한 청년임에도 불구하고 한국 문화와 한국인들을 겪으면서 상처를 받아 울기도 하고 화를 내기도 하였고 언젠가 한번은 두 번 다시 한국에 안 오고 싶다며 얼굴이 붉게 달아오를 정도로 필자에게 마구 화를 냈던 기억이 난다.

필자는 그때, 생각지도 못한 애국심이 발동하여 한국인의 대표로 욕받이를 자청하며 그 학생을 이해시키고 위로하려 애썼던 웃픈* 기억이 난다. 이런 어려움을 겪으며 한국에서 1년이라는 시간을 보내고 이 학생은 자국으로 돌아갔다. 그리고 돌아간 1년 후, 학생이 프랑스로 다시 유학을 갔는데, 프랑스에서 편지를 보냈다.

편지의 내용에는 한국에서 어려움을 겪을 때는 한국을 이해하기 힘들고 싫었지만 그때마다 오해하지 않고 한국 문화를 이해할 수 있게 도와준 선생님 덕분에, 속 좁은 자신을 발견하였고, 당시 자신의 모습이 부끄럽다는 내용이었다. 그래서 이제는 한국이 자신의 제2의 고향이라는 느낌이 들고 기회가 되면 다시 한국을 방문하고 싶다는 것이다. 이 학생은 여전히 한국의 중요한 뉴스를 보거나 한국에 대한 이야기를 발견할 때면 필자에게 연락을 한다. 연락해서 항상 한국의 입장에서 외국인들에게 대변을 하기도 하고 한국을 다른 외국인에게 소개하기도 한다. 지금

---

* 요즘 젊은 세대들이 쓰는 '웃기고 슬픈'이라는 뜻의 줄임말이다.

이 학생은 그냥 외국인이 아니라 절반은 한국인의 정체성을 가지고 있는 듯하였다. 이 학생은 한국에서의 생활을 통해 한국을 사랑하게 되었고 세계 어느 나라에 머물든지 한국을 챙기고 한국을 위해 홍보까지 하는 그런 한국인다운 외국인이 된 것 같다.

또 다른 외국 학생은 몸이 불편한데도 불구하고 한국에 유학 오기 위해 부단히 노력을 많이 하였고, 결국 한국에 와서 공부하게 된 이야기를 해보고자 한다. 필자는 이 학생에게 스스로를 자랑스럽게 여겨도 된다고 말할 정도로 칭찬을 많이 해주었다. 이 학생은 ADHD 질환을 앓고 있는 학생이었다. 하지만 그 학생이 필자의 수업을 처음 들었을 때, 필자는 그 학생의 질환에 대해 알지 못했다. 학생이 자신의 개인정보 공유를 꺼릴 때는 교수자의 입장에서는 그 학생을 보호하고 지켜주는 게 당연한 소명이라 생각한다. 그런데 어느 날 수업을 하는데 그 학생 모습이 상당히 불안정해 보였다.

양다리를 떨고 시선을 어디에 둬야 할지를 몰라 좌우로 눈을 돌리며 초점을 맞추기 어려워 보였다. 필자는 그때 학생에게 괜찮은지 질문을 하였는데 그 학생은 "마음이 싱숭생숭해요."라고 말하였다. 필자는 너무 걱정된 나머지 왜 그런지, 오늘 무슨 일이 있었는지 질문하게 되었다. 그때 그 학생은 자기가 앓고 있는 ADHD에 대해 말해 주었다. 또한 그 학생은 교수인 필자를 이해시키기 위해 자신의 고향에는 자신과 같은 ADHD 질환을 앓는 사람들이 많이 있다는 것을 먼저 설명해 주었고 자신의 가족 모두가 ADHD를 앓고 있다고까지 솔직하게 말해 주었다. ADHD라는 질환이 무조건적으로 심각한 것이 아니라 정도에 따라 차이가 있으며 겉으로는 모를 정도의 ADHD 질환을 앓고 있는 사람들도 있다는 것이었다.

　필자는 이 학생을 통해 ADHD 질환에 대한 인식이 바뀌게 되었다. 학생 본인도 질환으로 힘들 텐데, 필자를 이해시키려고 하는 마음과 용기에 눈물이 날 지경이었다. 학생의 솔직함과 용기 있는 설명으로 필자는 자신이 과연 어떤 사람인지 돌이켜볼 수 있는 계기가 되었다. 또한 많은 어려움을 극복하고 필자 수업에 앉아 있는 우리 학생이 기특하고 대단해 보였다. 이 학생의 한국에 대한 관심과 사랑이 얼마나 큰지도 느낄 수가 있었다. 이 학생이 용기를 내어 자신의 이야기를 했다면 교수자인 필자는 당연히 두 팔 벌려 학생을 감싸 안아야 한다고 생각되었다. 필자는 그 학생을 안아주면서 말했다.

　"이제 괜찮아요. 언제든지 몸과 마음이 불편하면 저에게 말해 주세요. 이 세상을 사는 사람 누구든 아플 수도 있고 또 괜찮아질 수도 있어요. 힘내요. 그리고 용기 내어 말해 줘서 정말 고마워요."

　그리고 필자는 그 학생이 필요하다면 언제든지 나갔다가 들어와도 되는 상황에 대해 다른 학생들에게 동의를 구했고, 다른 학생들도 상황을 잘 이해해 주었다. 그런 편안한 상황이 되자 그 학생은 그때부터 불안정한 모습에서 안정적인 모습으로 바뀌었고 수업에 더 열심히 그리고 적극적으로 참여하였다. 그 학생은 필자에게 한국에 오고 싶어서 자신이 이 질환을 극복하려고 엄청 노력했다는 것이다.

　그런데 새로운 환경을 막상 접하고 보니 생각보다 쉽지 않아서 질환의 증상이 나타난 것 같다고 하였다. 그래서 필자는 그 학생이 한국에 적응하고 수업을 잘 들을 수 있게끔 캠퍼스에서 운영하는 버디 프로그램을 연결해 주었다. 또한 그 친구가 한국 친구들을 사귈 수 있게 도와주었고 시간이 가능할 때마다 그 학생을 만나서 한국에 적응할 수 있도록 다양한 한국 문화와 한국의 일상생활에 대해서 하나씩 이야기해 주었다. 학생은 고향에서 ADHD 약을 가지고 오지 못해서 복용을 못 하는 상황이 되었지만, 그 이후 한국 일상생활이 안정적일 만큼 적응하고 성장하였다. 그리고 그 학생은 프로그램을 잘 마치고 떠날 날이 되어 안전하게 자국으로 돌아갔고 필자에겐 한 명의 또 다른 자랑스러운 제자가 생겼다는 보람과 감사함을 느끼게 되었다.

이렇게 외국 유학생들은 한국 문화의 어려움을 겪고, 극복하고, 깨달아가는 과정을 통해 한국을 제2의 고향으로 생각하고, 한국에 애정을 가지게 된다. 이 외국 학생들은 졸업 후, 한국을 떠나 사회생활을 할 때, 한국을 최대한 돕고자 하는 경향을 보인다. 예를 들면 필자 강의를 수강한 학생은 그 학생 고향의 경제부에 가장 높은 관직을 맡기도 하는 경우가 있는가 하면 또 다른 학생은 고국의 차기 대통령을 목표로 준비하는 상황이었는데, 그 상황 때마다 한국에 관한 일이 생길 때마다 우선순위로 두고 생각하는 경향을 보였다. 또한 한국 관련 일이 생기면, 필자에게 연락하는 진정성도 보여주었다.

한국어 시간에 '썰은 빵을 준비하세요.'를 말하고 싶었던 외국인 학생이 "썩은 빵을 준비하세요."라고 말한 적이 있다. 이 학생 역시도 한국에서 한국어를 배울 때는 힘들어하였지만 자국으로 돌아간 후 한국을 잊지 못하고 다시 한국으로 여행을 왔다. 이 학생은 차세대 화학자로 성장하고 있다. 이 학생은 3년간 아르바이트를 한 돈을 한국 여행으로 다 지출했다고 하였다. 이렇게 지금 외국인 유학생들은 한국에 경제적 이익을 가져다주기도 하고 지금 당장에 한국에 이익을 가져다주지 않아도 미래에 우리나라에 도움이 될 법한 친구들이 많다.

하지만 한국 사회를 경험한 외국인들 중 오해를 풀지 못하면 한국에 두 번 다시 오지 않을 것이라고 맹세하는 경우도 있다. 이런 경우는 보통 누군가 한국 문화에 대한 이해를 돕지도 않고 다른 식으로 한국 문화를 제대로 이해하지도 못하여 영영 한국으로 돌아오지 못할 길을 가게 되는 것이다. 이런 상황을 방지하기 위해서는 앞에서도 강조했듯이 한국인으로서 외국인을 만난다면 오해하지 않도록 기본적인 예의만을 갖추면 된다. 외국인에게 기본적인 예의범절만 보여줘도 그것만으로 당신은 한국인으로서 애국적인 활동을 하고 있는 것이라 말해 주고 싶다.

외국인들이 가장 어려워하는 또 다른 것은 유교사상과 높임말이다. 이런 한국 문화를 정확히 알지 못하고 절반만 알고 있는 외국인의 경우, 자신보다 나이 많은 어른을 만나면 어쩔 줄 몰라 하는 상황이 많이 발생한다. 외국 학생들은 한국영화에 나오는 장면처럼 한국 어른들께 깍듯이 대하고 싶어 하고 예의를 갖추고 싶어 한다. 높임말과 반말의 차이를 배우는 외국인의 경우는 유교사상을 바탕으로 어른을 공경하는 한국 문화에 대해 어느 정도 알고 있다고 할 수 있다.

하지만 한국 문화를 전혀 이해하지 못하는 외국인 경우는 난감한 상황도 발생한다. 한번은 한국 생활을 시작한 지 3개월도 안 된 학생이 있었다. 이 학생은 자국에서 대학교를 졸업하고 대학원에 입학하여 한국 유학생활을 하였다. 그런데 이 학생은 한국 문화외 한국어를 빼고는 정말 박식했다. 수업을 진행할 때, 필자가 그 학생에게 "괜찮아요?"라고 질문하자 그 학생은 대뜸 "괜찮아."라고 반말로 대답하였다. 그래서 필자는 "괜.찮.아.요."라고 말하라고 하니 다시 그 학생은 "알았어."라고 대답하였다. 그 학생은 어떻게 대답해야 하는지 알고 있었지만 자국 문화에 익숙한 습관화된 언어 사용법으로 자신도 모르게 높임말과 반말을 구분하지 못하고 필자에게 계속 쭉 반말을 하고 있었다. 그런 후, 그 학생이 한 학기를 보내고 6개월쯤 시간이 흘렀을 때, 학교 캠퍼스에서 마주친 적이 있다. 그때 그 학생은 필자에게 뛰어와 "잘 지내셨어요?"라며 필자에게 반말 대신 높임말을 하는 것이다. 필자는 그 학생이 한국 문화를 알고 이해한 것 같아 기쁘게 인사를 나눴던 기억이 난다. 비록 한국 사회와 문화에 적응하는 데 시간이 걸렸지만 이 학생의 경우는 결국 한국 사회를 이해하고 문화를 받아들였던 것이다. 자국 문화가 익숙한 연령대에 한국이라는 나라의 문화를 받아들이는 것은 정말 쉽지 않은 일이지만 한국을 사랑한다는 이유로 최선을 다하는 외국 학생을 볼 때마다, 정말 큰일을 해내고 있다고 칭찬해 주고 싶다.

〈한국을 사랑하는 서양에서 온 유학생들〉

11

선생님, 제가 흑인이라서
무서워요?

외국인이 한국어를 배우고 고향으로 돌아가면 한국 발전을 위한 잠재적 인재가 될 수 있다는 주장은 문화의 상호 이해와 교류 문제와 관련이 있다. 필자는 외국 학생들을 가르치면서 문화적으로 다양성을 인정하고 나이와 상관없이 꾸준히 타국의 문화를 배워 나가야 한다고 깨달았다.

한번은 수업 시간에 인도 학생이 자신의 문화에 대한 자신감이 넘치는 모습을 보였다. 한국어를 배우기로 결심한 학생이지만 계속해 인도가 얼마나 멋진 나라인지를 반복하여 설명하였다. 그리고 인도의 카스트제도에서 자신은 크샤트리아 계급의 왕족이라는 것이다. 그래서인지 이 학생은 자신의 신분에 젖어 있는 듯하였다. 게다가 인도 관련 영상물에 늘 집중하는 모습을 보였는데, 보통 한국영화나 드라마와 다르게 인도의 드라마나 영화는 뮤지컬과 같은 방식으로 항상 노래와 인도 집단 댄스가 들어가 있었다. 이 인도 학생은 인도의 이런 춤과 댄스가 들어가 있는 드라마와 영화가 너무 좋다고 이야기하였는데, 다른 외국 학생들이 이해할 수 없다는 표정을 지었다. 그 인도 학생이 오래도록 이런 부분을 강조하여 말해 왔고 다른 나라 학생들의 문화에 대해서 경청하려고 하지 않았기 때문에 다른 학생들 절반은 포기하는 반응을 보였다.

필자는 인도 학생과 다른 외국 학생들이 문화를 이해하는 태도에 대해서 다시 생각해 보고 싶다. 너무 자국의 문화만을 이야기하는 태도는 자칫 잘못하면 다른 외국인들에게 민족 이기주의의 모습을 보일 수 있기 때문이다. 그래서 필자는 인도 학생에게 다른 나라 친구들의 문화에 대해서 좋은 점을 이야기해 보라고 말한 적이 있다.

그리고 다른 학생들에게도 인도의 어떤 문화가 좋은 것 같으냐고 토론을 이끌면서 서로가 갈등 없이 상호작용할 수 있도록 지도한 기억이 있다. 그렇다면 이 에피소드를 통해 한국인이 어떤 입장에서 외국인을 대해야 하는지 생각해 볼 필요가 있다. 가끔 위의 인도 학생과 같이 한국인은 자신들의 문화가 최고라고 생각하는 경향이 있다고 이야기하는 외국 학생들이 있다.

그래서 한국에서 외국인이 눈인사를 해도 보고도 못 본 척 무시한다고 느끼고, 한국인이 외국인을 가까이하고 싶지 않다는 느낌을 받는다고 외국 학생들은 이야기한다. 이런 일을 겪을 때마다, 외국 학생들은 필자에게 와서 질문을 하는데, "한국 사람들은 왜 외국인이 다가가서 인사하면 모른 척하고, 가까이하고 싶어 하지도 않고 친구가 되고 싶지 않아 해요? 마치 만지면 안 되는 바이러스처럼 대하는 건가요?"라고 질문한 적이 있다.

물론 한국인이 다 그렇다는 말이 아니다. 하지만 외국 학생들 중 그런 경험을 한 사람들이 많았고 자신들이 그렇게 이상하게 보이는지, 아니면 한국 문화가 오직 한국인에게만 집중하는 문화인지 궁금하다는 것이다. 외국 학생의 말에 따르면 한국인의 태도는 위의 인도 학생의 태도와 아주 유사하다.

이런 태도를 혹시 당신이 보였다면 한 번쯤 개선해 보면 어떨까 싶다. 이는 한국의 밝은 미래를 위해 도움을 줄 수 있기 때문이다. 그들이 한국을 사랑하게 되는 것과 한국을 미워하게 되는 것에 따라 한국의 미래 가치는 큰 차이가 나기 때문이다. 외국 학생들이 한국으로 유학 와서 한국을 제2의 고향이라고 느낀다면 한국의 성장에 많은 도움이 되리라 생각한다.

또 한번은 이런 적이 있었다. 코로나 시기에 수업을 하였는데, 이때는 보통 비대면 수업을 하였다. 줌이나 웨벅스와 같은 비디오로 상호작용하며 수업을 진행하였는데, 보통 학생의 주변이 카메라로 다 보였다. 한번은 북미권에 살고 있는 제시카라는 학생이 수업을 하고 있는데 카메라를 켜지 않는 것이다.

학교마다 규칙은 다르지만 필자가 강의했던 학교는 카메라를 켜야 출석이 인정되었다. 하지만 제시카는 학교 규칙을 따르지 않고 카메라를 계속 꺼 두었다. 필자는 다른 학생들은 카메라를 다 켰기 때문에 그 학생만 카메라를 끄고 진행하면 공평하지 못한 상황이 되어, 그 학생에게 카메라를 켜 보라고 여러 번 권했다. 그런데 그때, 그 학생이 그런 말을 하였다. 왜 카메라를 켜야 하느냐고, 자신의 학교는 카메라를 켜서 수업을 듣는 사람이 없다는 것이다. 그래서 필자 역시도 북미권에 있는 학교와 연락하여 알아본 결과, 주마다 다르지만 학생 개인의 자유와 권리를 인정하고 학생 신분을 보호하는 의미에서 카메라를 끄고 수업하는 학교가 많이 있다는 것이다.

이런 이유로 이 학생은 부당하다고 생각하여 계속 카메라를 끄고 있었다. 하지만 학생이 알아 둬야 할 부분은 장소와 상황마다 규칙은 다르고 유연하게 대처하는 태도가 필요하다. 그 학생에게 로마에 오면 로마법을 따르라는 말과 함께 그 학생이 겪은 상황적 이해와 학교 문화는 이해하지만 지금은 다른 상황이니 카메라를 켜 보라고 했다. 결국 그 학생은 카메라를 켰는데, 필자는 그 순간 다소 놀랐다. 그 학생이 부엌에서 라면을 끓여 먹고 있는 모습이 찍혀서 그대로 보이는 것이다. 그러면서 그 학생은 자신의 학교에서는 이렇게 밥을 해 먹어도 선생님이 뭐라고 하지 않았다는 것이다. 아침밥을 먹지 않은 학생들을 위해 이런 식으로 챙겨 먹는 것을 허락한다는 것이다. 필자의 생각으로는 아무리 그러하더라도 수업 시간에 요리하는 것은 수업을 듣지 않는다는 것이고, 수업할 의지가 없다는 것으로 오해할 수 있다고 상세히 설명해 주었다. 그리고 필자는 그 학생에게 수업시간에 요리하는 것은 서로를 존중하는 모습이 아니라고 이야기해 주었지만 그 학생은 끓인 라면이 불기 전에 먹어야 한다고 하였다. 어쩔 수 없이 이번은 허락하지만 또다시 이런 일이 발생하는 건 문제가 되는 행동이라고 강조했다.

하지만 그 이후에도 깜짝 놀랄 만한 일이 있었는데, 필자의 수업 3시간 동안 그 학생은 수업 시간에 시내를 돌아다니며 수업을 들어서 필자가 수업을 하면서 그 학생 고향의 다운타운을 모두 관광한 느낌이었고 흔들리는 카메라로 멀미가 날 지경이었다. 게다가 그 학생이 가족여행을 하면서 수업을 듣는 일도 있었는데, 필자의 수업 시간에 그 학생의 어머니, 아버지, 여동생까지 수업에 참여하여, 필자가 그 학생의 가족 모두의 선생님인 건지 아니면 필자가 그 학생의 가족여행에 동참하는 건지 알 수 없었다. 다른 학생들에게 피해가 가기 때문에 이런 상황이 반복될 수는 없었고 결국 그 학생은 수업을 그만두었다. 이런 제시카의 행동을 통해 보면 한국인이 어떻게 외국인을 대해야 하는지를 쉽게 알 수 있다. 한국인만이 가지고 있는 문화구조 인식의 틀을 좀 더 유연하게 바꿀 필요가 있다고 본다. 이 학생처럼 우리도 자신의 문화를 위주로 다른 문화들을 이해한다면 여러 가지 문제를 발생시킬 수 있다. 한국인도 이런 외국인들과 비슷한 인식을 가지고 있다면 이를 개선하고 보다 성숙한 태도를 보이는 것이 중요하다. 이러한 한국인의 태도는 한국의 위상을 높여주고 한국의 방문 목적을 긍정적으로 만들어주는 역할을 한다.

모든 한국인이 그러하지 않지만 일부 한국인은 인종에 따른 선입견도 가지고 있다고 생각한다. 한번은 흑인 학생이 필자를 찾아왔다. 그 학생은 한국에서 생활하기가 너무 힘들다고 하면서 눈물을 꾹 참는 모습을 보였다. 필자는 무슨 일인지 말해 줄 수 있느냐고 하니 그 흑인 학생이 설명하길, 지하철을 탔는데 한국 아주머니들이 흑인 학생을 향해 "어머, 무서워. 보지 마."라고 했다는 것이다. 또 다른 흑인 학생의 경우 의료관련 연수로 한국을 방문했고 병원에서 환자와 직접 만났는데 한국 환자분께서 흑인은 무섭다고 앉아 있는 채로 뒤로 뒷걸음을 치며 도망갔다는 것이다. 또한 흑인 의료인이 어떻게 자신의 몸을 만지고 치료할 수 있느냐고 치료 거부를 하기도 했다는 것이다. 분명 이런 일이 일어나는 것은 안타까운 일이고 현대 시대에 가능한 일인가라는 의문이 들지만 각 나라의 문화를 살펴보면 그럴 법도 하다.

필자는 흑인 학생들에게 위로와 함께 오해가 있었으니 기분 나빠하지 말아 달라는 당부를 했다. 그건 문화적인 차이를 서로 이해하지 못한 오해의 결과일 뿐이라며 한국 문화의 역사적인 배경과 그들이 잘 만나보지 못한 사람에 대한 낯가림, 미디어 영향, 무지 등 다양한 영향으로 그러는 것이라고 조언해 줬다. 반대로 만나지 못한 흑인 학생들을 보고 놀라거나 거부한 한국인에게 이렇게 조언해 주고 싶었다. 흑인이기 전에 한국인과 동일한 사람이며, 당신의 이웃이라고 말이다. 인종 간의 편견과 오해는 또 다른 한국인에 대한 테러로 이어질 수 있다는 것도 말이다. 가장 좋은 것은 서로 간의 평등을 장려하는 태도이고 이런 부분을 사회적인 공익 차원에서 사회가 함께 인식 개선에 힘써주면 좋을 듯싶다.

저개발 국가든, 개발도상국이든 국적을 불문하고 한국에서 생활을 마치고 자국으로 돌아갈 때, 부정적인 것보다는 긍정적인 인식이 여러 면에서 국가에 보탬이 된다. 이런 사항은 상식적으로 누구나 아는 사실이지만 실전에서는 다소 어려운 태도를 취하는 한국인들을 볼 수 있다. 물론 모든 한국인이 그렇다는 말은 아니다.

긍정적인 인식의 외국인이 한국어를 배우고 자국으로 돌아갈 때, 한국 문화와 사회에 대해 깊은 인상을 갖게 된다. 이런 긍정적인 경험을 한 외국인의 태도는 한국과 자국 간 문화 이해와 상호 교류를 촉진하며, 문화적 다양성을 존중하고 국가 간 포용력을 증진시킨다. 이는 한국 사회와 다양한 문화 간에 연대와 협력을 강화시키는 데 도움이 된다.

예를 들어 외국 학생들은 한국에서의 좋은 경험은 외국인 학생이 고향으로 돌아가서 한국 문화와 자신의 문화를 융합하여 다양한 문화 교류 이벤트를 기획하고 참여하여 그 나라에 전파하는 경향이 있다. 보통 필자의 학생들이 고향으로 돌아가면 한국 문화와 한국 음식과 관련된 문화축제를 선보이는 경우가 있다. 필자의 한 학생은 자국으로 돌아가서 문화축제 때, 동아리 친구들과 호떡을 만들어 선보이며 한국 문화를 알렸다고 하였다. 그리고 미국 동부에 사는 학생은 필자에게 붕어빵 굽는 틀을 샀다고 사진을 찍어 보냈다. 이 붕어빵 굽는 프라이팬으로 매일 3마리의 붕어빵을 구워 먹는다고 하였다. 이 학생의 친구들이나 친척들이 자신의 집에 놀러 오면 이 붕어빵을 큰 접시로 한 접시 구워서 소개한다고 했다. 이 학생의 붕어빵 홍보를 통해 한국을 잘 몰랐던 미국 사람들도 한국에 대해 관심을 가지기도 하고 똑같은 붕어빵틀을 사다가 집에서 구워 먹는다고 하였다.

〈붕어빵 굽는 프라이팬을 샀다고 연락이 온 유학생〉

또한 한국 음악을 사랑하는 외국 학생들은 자국으로 돌아가서 한국 음악축제와 같은 다양한 한국 문화 관련 일들을 앞장서서 개최한다. 외국 학교의 동아리 축제에서 필자의 한 학생이 케이팝 노래를 선보이며 한국 문화를 알렸던 적이 있다.

요즘은 미디어에서도 쉽게 볼 수 있지만 세계 케이팝 콘테스트나 세계 학교별 케이팝 콘테스트에 많은 민족이 참여하여 한국말로 한국 노래를 부르는 모습을 쉽게 살펴볼 수 있다. 특히 외국인이 한국에서 배운 한국어를 통해 성취감과 한국에 대한 친밀감을 가지게 되면, 자국으로 돌아갔을 때, 자국의 한국인들과 커뮤니티를 형성하고 함께 모여 언어와 문화를 나누면서 친목을 도모한다. 또한 문화적 다양성을 존중하고 서로 배우고 협력할 수 있는 것이다.

한번은 중국의 아이돌 출신 한 명, 캄보디아의 유명한 기타 보컬을 하고 있는 학생, 이렇게 두 명의 학생이 필자의 강의를 들은 적이 있었다. 그들은 자신의 유튜브와 블로그를 운영하고 있었다. 중국 학생의 경우 지드래곤의 노래를 좋아해서 항상 한국어로 노래를 불러 업데이트하였는데, 그 학생의 많은 중국 팬들이 한국어로 노래를 따라 하는 모습을 본 적이 있다. 또한 캄보디아 기타리스트 겸 보컬을 하는 학생도 역시 필자가 수업 시간에 알려준 한국 노래를 불러 유튜브에 올리면서 자국민들에게 한국 노래를 홍보하였다. 이렇게 외국인을 통해 한국을 알리는 것은 상당히 효과적인 방식이다.

게다가 한국에서 유학한 외국인 인재들과 한국 기업은 보통 협업을 하는 경우가 있다. 이를 통해 문화적 다양성을 촉진할 수 있고, 한국 기업들은 외국인의 다양한 문화적 배경과 경험을 활용하여 글로벌 시장에서의 경쟁력을 향상시킬 수 있었다. 실제로 대부분의 한국 대기업들은 다국적 팀을 구성하는 경우가 많다. 글로벌 시장에서 경쟁하기 위해 다양한 문화적 배경을 가진 인재들을 채용하고 다국적 팀을 구성하는 데 주력하고 있다. 이를 통해 다양한 국적과 문화를 가진 팀원들이 서로 강점을 공유하고 상호 간의 협력과 창의성을 발휘할 수 있다.

필자의 한 학생의 고향은 중동에 위치한 국가였는데, 이 학생은 미국에서 공부한 후, 한국으로 여행을 하면서 매력을 느끼고 한국어 공부를 하게 되었다. 그런 후, 삼성에 입사해서 한국에 도움이 되는 인재로 활동하였다.

문화콘텐츠 및 엔터테인먼트 산업 분야도 외국인 인재들의 다양한 문화적 배경과 경험을 적극적으로 활용하고 있다. 예를 들면 K-pop 그룹들은 외국인 멤버들을 섭외하여 그룹 내에서의 문화적 다양성을 강조하고 글로벌 팬들과의 연결성을 높이는 데 기여하고 있다. 이렇게 한국 엔터테인먼트가 유명해지면서 다양한 외국인들이 한국 엔터테인먼트의 연습생이 되고 싶어 한국을 찾는 경우도 있다.

필자의 학생은 유명한 엔터테인먼트의 연습생이었는데 연습생 생활이 힘들지만 케이팝이 유명해서 꼭 그 엔터테인먼트의 연습생이 되고 싶어 한국에 왔다는 것이다. 그런데 그 학생이 말하길 자신이 속해 있는 엔터테인먼트 실장님이 학교에 가지 말고 연습 시간을 더 가지라고 해서 너무 슬퍼했던 기억이 난다. 한국어나 문화를 배우는 것보다 노래를 배우는 게 더 중요하다고 여기기 때문이다. 하지만 필자의 생각은 한국어와 한국 문화를 제대로 알 때, 그 마음이 열리고 자연스레 노래가 잘되지 않을까 생각해 본다.

그 외 과학, 기술, 의료, 법 등 다양한 분야에서 외국인 인재들을 한국 기업에 영입하는 모습을 통해 한국을 방문한 외국인이 얼마나 중요한 존재인지 알 수 있다. 반대로 한국으로 연수를 오는 외국인들이 자국으로 돌아가 한국에서 익힌 기술을 전파하며 그 나라의 발전에 큰 역할을 하고 한국의 위상을 높이는 경우도 살펴볼 수 있다. 국내 어떤 프로그램이더라도 주최 측이 한국인이라면 한국의 문화와 한국어는 꼭 필수로 강의를 해야 한다고 생각한다. 기술만 배워가는 외국인 연수는 한국의 위상과 한국의 발전에 도움이 될 수 없음을 경험으로 느꼈기 때문이다.

지금까지 한 이야기를 정리하자면 한국에 머무는 외국인을 무서워하지 않고, 한국을 방문한 귀한 손님이라 여기는 기본적인 태도만 취해 준다면, 외국인에게 한국이라는 나라가 긍정적으로 다가올 것이며, 국익에도 도움이 될 것이다.

〈'한국 사랑' 공통점을 가진 우리는 하나〉

제3부

맛으로 보는 한국

12

> ## 우리 엄마를 위한 기념품으로
> ## 불닭 소스를 많이 준비했어요.

최근 몇 년간 한국 음식, 문화, 드라마, 음악 등이 세계적으로 인기를 얻음과 동시에 한국어 역시도 외국인들에게 많은 관심을 받게 되었다. 한국어는 전 세계에서 7천5백만 명 이상이 사용하며, 최근 외국인들의 학습 수요도 크게 증가하였다. 특히 서양 선진국에서도 한국어에 대한 관심이 높아졌다. 최근 몇 년간 한국의 문화 콘텐츠가 세계적으로 인기를 얻으면서, 서양 선진국에서도 한국어를 배우고자 하는 수요가 증가하고 있다. 이러한 한국어 인기 상승은 한국어 교육시장에도 큰 영향을 주어, 한국어를 가르치는 교육기관의 수요와 수준이 높아지고 있다.

필자는 그 덕분에 유럽 전역과 미국에서 온 학생들에게 한국 문화와 한국어를 가르친 적이 있다. 그들을 가르치면서 그들도 한국에 놀라고 나도 그들에게 놀란 경험이 있다. 선진국이라 하면 우리나라보다 훨씬 좋은 환경을 구성하고 문화적 수준이 높은 부국일 것이라고 모두가 생각한다.

그런데 재미있는 현상은 그 나라 아이들이 한국에 도착한 후, 자신들의 나라보다 한국이 훨씬 잘 살고 편리하다고 이야기한다. 그들이 가장 신기해하는 것은 대중교통으로 한국 어디든지 쉽게 갈 수 있다는 것, 인터넷이 길에서도 빠른 속도로 사용할 수 있게 열려 있다는 것, 밤늦게까지 안전하고 재미있게 돌아다닐 수 있다는 점에 감격한다. 그리고 대부분의 학생이 다시 고향으로 돌아가는 것을 아쉬워하고 슬퍼한다.

그들이 한국을 떠날 때, 가족들을 위한 기념품으로 다양한 한국 전통 물건들을 사서 간다. 보통 그들은 한국 부채나 한복 모양의 열쇠고리, 한글이 들어간 액자나 액세서리와 같은 한국스러운 것들을 주로 사간다. 한번은 종강을 앞두고 필자는 이번 학기 마치고 학생들에게 고향으로 돌아가는 사람이 있느냐고 질문했다. 대부분의 학생이 이번 방학에는 고향에 갈 것이라고 하였다. 필자는 고향에 돌아갈 때, 가족들을 위해 어떤 기념품을 사서 갈 것이냐고 질문을 하였더니 한 학생이 이렇게 대답했다. "저는 우리 엄마를 위해서 불닭 소스를 준비했어요." 필자는 학생이 잘못 말했다고 생각하여 다시 질문했다. "어머니를 위한 기념품으로 불

〈한국 음식과 자국 음식을 발표하는 외국인 1〉

<한국 음식에 대한 경험을 발표하는 외국인 2>

닭 소스를 준비했어요?"라고 하니, 필자의 학생은 정말 기쁘고 만족스러운 표정으로 "네, 우리 엄마는 오리지널 불닭 소스의 맛을 알고 싶어 해요. 저는 마트에 가서 불닭 소스를 5병 샀어요."라고 말했다.

좀 부끄러운 이야기지만 필자는 불닭 소스를 따로 판매하는지 몰랐다. 불닭 볶음면은 들어봤지만 불닭 소스를 따로 판매하다니 정말 우리나라 유통 업계분들은 부지런하고 대단하다고 느꼈다. 불닭 소스의 인기가 미국까지 퍼져 있다는 것도 놀랍고 불닭 소스를 미국 요리를 할 때 쓸 것이라고 미국 학생이 말하는 것도 놀라웠다. 필자는 학생에게 어떤 미국 요리를 할 때 불닭 소스를 사용하느냐고 하니, 파스타와 샐러드 소스로 넣어서 먹을 것이라고 하였다. 정말 놀랍고 새로운 발견이라 생각하였다.

외국인 학생들은 한국 음식이 다양하고 맛있고 경제적이라서 너무 사랑한다. 코로나로 학생들이 한국에 들어오지 못한 상황이라 학생들과 온라인 수업을 하게 되었는데, 수업 중에 학생들에게 한국의 디저트에 대해 알려준 적이 있다.

필자는 학생들에게 사실적인 모습을 보이기 위해 한국의 대표적인 빙수 가게 '설빙'에서 판매하는 딸기 빙수와 멜론 빙수, 수박 빙수와 같은 메뉴를 줌(zoom)으로 보여준 적이 있다. 순간 학생들은 그 모습을 보고 눈이 휘둥그레지며 물었다.

"선생님, 이것은 먹는 겁니까? 눈으로 봅니까(이 말은 조각이냐는 질문)?"라며 자신은 미국에 살면서 저런 모양의 빙수를 먹어본 적이 없다는 것이다. 필자는 순간 한국인으로서의 자부심이 생겨서인지 더 신나서 빙수의 재료까지 설명한 적이 있다. 그러면서 너무 신난지라 한국에 오게 되면 꼭 이 대표적인 빙수 가게를 데리고 가겠노라고 약속했다.

그 이후, 코로나 방역정책이 바뀌면서 학생들은 한국에 올 수 있게 되었을 때, 그 아이들과 내가 처음 만나서 한 일은 빙수 가게 '설빙'에 간 것이었다. 빙수를 보던 학생들이 어찌나 행복해 보이던지 필자는 순간 빙수 가격을 잠시 잊고 아이들에게 그 큰 빙수를 1인당 하나씩 먹어도 된다는 말을 남발하였다.

하지만 아이들은 빙수가 너무 크다며 한 개로 두 명이 나눠 먹고 다른 한국적인 음료와 떡과 같은 디저트를 먹어보고 싶다고 하였다. 필자는 그렇게 미국에서 온 아이들에게 우리나라 빙수를 하루의 절반을 보내며 자랑한 적이 있다. 이렇게 미국과 같은 선진국에서도 한국이라는 나라가 음식의 천국이자, 정말 가보고 싶은 나라가 되었고 그래서인지 한국 문화를 배우고 알고 싶어 한다.

이런 한국 문화를 경험하는 과정을 거쳐 그들이 최종적으로 선택하는 것이 한국어 수업이다. 서양 학생들의 경우 한국어를 배우고 싶어 하는 대부분의 이유는 한국에 대한 문화를 알고 싶어 하기 때문이라 볼 수 있다. 그다음으로 한국의 특수한 상황 때문에 꼭 방문하고 싶어 한다.

간혹, 10명 중 1~2명꼴로 경제에 관심이 많은 학생을 볼 수 있는데, 그 학생들은 동아시아를 잡아야 돈을 벌 수 있다는 생각을 해서 아시아 국가 중, 1개를 선택해 공부하는 경향이 있다. 대부분은 중국어를 공부하지만 코로나로 인해 중국어를 포기하고 한국어를 선택하는 서양인들이 증가했다고 볼 수 있다. 이렇게 그들은 한국에 대한 애정으로 한국행을 결정하고 한국 문화와 언어를 배우기 시작한다.

한번은 이런 일도 있었다. 온라인 수업을 하던 학생이 미국의 대학교를 포기하고 한국의 대학교를 선택하였다. 여러 가지 이유가 있었겠지만 자국이 아닌 한국을 선택한 일은 필자가 보기에 그 학생이 상당히 기특하였다.

이 학생이 필자에게 곧 한국에 갈 것 같으니 꼭 한번 만났으면 좋겠다고 하였다. 드디어 그 학생을 만나게 된 날, 정말 반가웠다. 온라인으로 만나던 학생을 이렇게 한국 떡볶이집 앞에서 만날 줄이야. 필자와 학생이 만나기 전 여러 차례 먹고 싶은 것을 학생에게 물어본 적이 있다. 이 학생은 1초도 고민하지 않고 필자에게 "저는 떡볶이를 정말 정말 좋아해요."라고 말했다. 이 말은 필히 학생이 떡볶이를 진심으로 사랑한다는 소리다. 그래서 이 학생과는 한국에서 유명한 떡볶이 뷔페를 가기로 약속했다. 그 떡볶이 뷔페는 필자가 찾은 곳이 아니라, 학생이 미국에서부터 한국에 가면 꼭 가보고 싶은 떡볶이 뷔페식당이라고 골라 놓았던 곳이었다.

그래서 그 학생과 떡볶이 뷔페식당 '두끼'에 가서 마치 친구의 생일잔치에 방문해서 음식을 즐기듯, 2시간 동안 다양한 맛의 떡볶이를 먹었다. 특히 그 학생은 오뎅을 정말 좋아한다고 해서 오뎅을 수십 차례 리필하게 되었다. 둘이서 정말 배가 터지게 먹고 그 학생은 이렇게 말했다. "한국 떡볶이는 정말 맛있어요. 가격이 정말 좋아요." 필자는 그 말을 듣고 한국인으로서 자랑스러움을 느껴 신나서 떡볶이를 다 먹으면 밥도 볶아 먹을 수 있다고 설명해 주었다. 그리고 나서 이것이 끝이 아니라 우리는 볶음밥 2인분까지 먹고 나왔다. 그날은 정말 잊을 수가 없다. 배도 무척 불렀지만 그 학생의 한국 음식 사랑으로 인해 한국인으로서 우리나라를 다시 생각하게 되었다. 이렇게 외국 학생들은 한국인보다 한국 문화를 알고 싶어 하고, 경험하고 싶어 한다. 그 결과 한국행을 선택하고 한국에서 한국인과 섞여 지내고 싶어 한다.

한번은 학생들에게 한국에 살아보니 어떤 점이 좋은지 물어보았다. 이들은 이동의 자유로움과 치안이 잘 되어 있다는 것, 그리고 밤늦게까지 재미있게 놀 수 있다는 것을 들었다.

한국의 치안이 잘 되어 있다는 것도 외국인에게 매력적인 요소 중 하나이다. 필자의 학생들에게 한국은 상대적으로 안전한 국가로 알려져 있으며, 범죄율도 낮다고 생각한다. 특히 안전한 환경에 믿음이 간다고 한다.

길거리, 식당, 레스토랑, 지하철역과 버스 정류장에도 CCTV가 설치되어 있으며, 경찰과 보안인력의 즉각적인 출동으로 승객들의 안전을 유지하는 모습이 인상적이라고 말한다. 이러한 안전성은 외국인들에게 큰 안도감을 제공하며, 한국을 방문하는 사람들이 안심하고 다니도록 도와준다고 하였다. 한번은 필자의 학생이 놀란 표정으로 필자에게 이렇게 말한 적이 있었다.

이 학생은 "한국 사람들은 왜 카페에서 자기 물건을 두고 걱정 없이 화장실에 가요?"라고 하였다. 필자의 학생은 한국에 도착하는 첫날부터 가방을 항상 지니고 다녔다. 이 학생이 필자와 같이 카페에 있을 때, 화장실을 가더라도 꼭, 큰 배낭을 포함한 모든 소지품을 가지고 화장실을 다녀왔다. 필자는 한국인의 행동을 궁금해하는 외국인 학생에게 한국에는 이렇게 CCTV가 많아서 사람들이 훔쳐갈 생각도, 누가 가져갈 것이란 생각도 잘 하지 않는다고 설명을 한 적이 있다. 설령 물건이 없어져도 최대한 물건을 찾을 수 있는 방향으로 사람들이 도와준다고 설명하며 CCTV가 많은 곳에서 물건이 없어지는 일은 많지 않은 편이라고 설명해 주었을 때, 필자의 학생은 너무 놀라워하였다.

대부분 필자의 학생들은 이렇게 물건을 두고 화장실에 다녀오는 일은 고향에서는 있을 수 없는 일이라는 것이다. 공공장소에서 순간 다른 곳만 쳐다봐도 물건을 도둑맞았다는 외국 학생들이 많았다. 그래서인지 대부분의 외국 학생들은 한국인들이 카페나 공공장소에 물건을 두고 볼일을 보러 다니는 것을 정말 신기해했다. 특히 외국 학생은 어떻게 한국인들은 비싼 물건이 눈앞에 있는데 안 가져갈 수 있는지 너무 신기하다고 이야기하였다.

그러나 더 웃긴 사실은 외국인도 한국인처럼 변화하는 것이다. 이렇게 놀란 외국인 학생이 한국에 적응하면서 한국인과 똑같이 카페에 자신의 물건을 두고 화장실을 가고 볼일도 보러 잠깐 나갔다 오기도 하는 것이었다. 게다가 이 학생의 어머니가 한국에 방문하였을 때, 이 학생은 어머니께 소지품은 두고 다녀도 된다고 아무 걱정 없이 말하였다. 이 학생이 처음에 필자와 만났을 때, 필자가 자리에 있는데도 불구하고 자신의 모든 소지품을 들고 화장실을 갔던 그 외국인이란 사실이 낯설게 느껴질 정도였다.

또한, 한국의 밤 문화는 외국인에게 큰 매력으로 느껴진다. 한국은 24시간 문을 여는 상점, 식당, 카페, 클럽, 술집 등 다양한 오락/유흥 시설과 활동이 풍부한 도시라고 생각하는 외국인이 대부분이다. 특히 외국인은 대도시인 서울의 밤 문화 경험에 대한 로망이 있다. 필자의 외국 학생들은 밤에 다양한 음식을 맛보거나 한국의 대중문화를 경험하기 위해 홍대, 강남, 이태원 등과 같이 인기 있는 거리를 나선다.

클럽이나 바에서는 다양한 음악과 춤을 즐기며, 야간 관광 명소에서는 아름다운 야경을 감상한다. 외국인은 한국의 클럽과 바에서 흘러나오는 다양한 음악 장르, DJ와 라이브 밴드의 공연을 아주 좋아한다. K-pop, EDM, 힙합 등 다양한 장르의 음악이 흘러나오며, 외국인들은 이를 즐기고 춤을 추는 등 즐거운 시간을 보낸다고 자주 이야기하곤 한다. 또한, 많은 클럽과 바에서는 다국적인 분위기와 함께 다양한 음식과 음료를 즐길 수 있어 외국 학생들 대부분은 이곳을 방문한 적이 있다. 그들은 이런 관광지에 대해 색다른 경험의 시간이었다고 이야기한다.

외국 학생들에게 한국의 야간 관광 명소는 아름다운 야경을 감상할 수 있는 장소로 유명하기 때문에, 실제로 정말 많은 외국 학생들이 방문한다. 대표적으로는 한강 변에 있는 여의도나 동대문 디자인 플라자, 남산 타워 등이 있다. 이러한 장소들에서 외국인들은 빛과 색으로 물든 도시의 아름다움을 감상하며, 사진을 찍거나 로맨틱한 분위기를 즐긴다.

또한, 야간에는 전통적인 광장이나 시장도 활기를 띠며, 밤에만 펼쳐지는 다양한 문화 행사와 공연을 즐긴다. 외국 학생들이 얼마나 적극적인 자세로 야경으로 유명한 관광 명소를 가는지, 필자가 서울에 살면서 남산에 방문한 횟수보다 필자의 학생들이 남산에 간 횟수가 훨씬 많은 정도다.

그리고 학생들은 명동거리도 자주 나간다. 명동에 쇼핑을 하는 것보다는 명동의 길거리 음식이 외국 학생들에게 유명하다. 필자의 외국 학생들이 필자에게 "제발, 명동의 길거리 음식을 경험해 보세요."라고 해서, 그곳을 일부러 찾아 방문한 적이 있다. 과거와 다르게 식당에 앉아서 먹을 법한 스테이크, 키조개 요리, 스파게티, 돈가스와 같이 다양한 음식이 거리에서 판매되고 있었다.

또한 길거리 음식은 합리적인 가격으로 먹을 수 있게 준비되어 있다. 사실 필자는 학생들이 명동 길거리 음식을 꼭 먹어보라고 추천했지만 크게 와닿지가 않았다. 그런데 막상 방문해서 먹어보니 너무 맛있어서 그곳에서 정신없이 이것저것 사 먹었던 기억이 난다.

이러한 한국 문화는 외국인들에게 다양한 즐길 거리와 경험을 제공한다. 특히 한국의 역동적인 밤 문화는 외국인들에게 새로운 친구를 사귈수 있는 기회를 제공하고, 음식, 야경, 쇼핑 등 다양한 문화와 엔터테인먼트를 즐길 수 있는 환경을 제공한다. 따라서, 한국의 밤 문화는 외국인들에게 큰 매력을 가지며, 많은 외국 사람들은 한국을 방문하여 서울의 밤 문화를 꼭 경험해 보고자 한다.

이렇게 외국인들은 한국 문화의 독특하고 다채로운 요소와 한류열풍, 한국의 경관, 한국의 독특한 음식 문화, 서울과 같은 대도시들의 현대적인 매력으로 한국 여행을 로망으로 삼는다. 필자가 신기하게 느끼는 것은 외국 학생들의 SNS를 보면 대부분 학생의 로망 중 하나는 한국에 여행을 오는 것이다. 외국 학생들은 한국에서 필자가 말한 위의 것들을 하고 싶다는 로망 리스트를 만들어 공유하고, 소원을 성취하기 위해 아르바이트를 시작한다든지, 장학금을 탄다든지, 부모님을 열심히 조르는 것과 같은 노력을 한다.

　한국은 이제 필자의 외국 학생들을 포함한 외국인들이 방문하고 싶어하는 로망의 국가가 되었다.

〈연수생 고향과 한국 음식 비교 발표〉

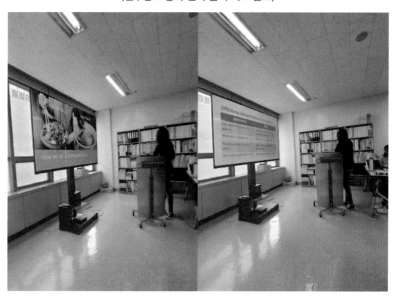

13

"

배미현의 배는 먹는 배예요?

"

외국인들의 고향 말과 한국어는 완전히 새로운 언어체계를 가지고 있다. 한국어는 알파벳이 아닌 한글을 사용하며, 발음과 억양이 다른 외국어와 매우 다르다. 또한 한국어는 어순이 자유롭고, 조사 등이 복잡하게 사용되기 때문에 외국인들이 이를 익히는 데 많은 시간과 노력이 필요하다.

한번은 미국 학생이 자신의 가족관계를 한국어로 설명하였는데, 다소 복잡하게 표현하였다. 그 학생의 가족관계에서 할아버지와 할머니를 설명할 때, "할머니의 남편이 죽어요. 그녀는 너무 슬퍼요."라고 말했다. 이 학생은 할아버지께서 돌아가셨다고 말하면 간단한 문제다.

하지만 자국의 언어체계가 화석화되어 한국어를 구사할 때, 자국의 언어 구조로 발화되었음을 짐작하게 한다. 이렇듯 외국인에게 한국어는 쉽지 않은 일이다. 여기서 불완전한 한국어 언어체계로 유학생들이 이야기하더라도 그런 표현을 자연스럽게 받아들이는 한국 사람들의 태도가 중요하다.

한번은 필자의 학생이 시장에 가서 "깎아요, 주세요."라는 말을 했다고 했다. 그러자 상인분께서 "뭐라는 겨"라고 못 알아듣는 척, 학생에게 몸동작으로 손을 내밀며 "No, No"라고 영어로 대답하며 돈을 달라고 하는 시늉을 했다는 것이다. 이런 상인분들의 태도로 인해 한국어를 배우는 외국 학생은 한국어 학습에 흥미를 잃고 자신감 또한 결여된다.

상인분께서 깎아주고 싶지 않아 그랬다면 깎을 수 없다고 대답하는 게 오히려 이 학생에게 한국어 습득에 도움이 된다. 이 학생은 자신의 발화가 일반 한국 사람들이 알아듣지 못한다고 생각하였다. 그리고 그 이후로 한국어로 깎아달라는 말도, 시장에서 물건을 사는 일도 하지 못했다는 것이다. 그런 일을 겪은 학생들은 차라리 영어로 한국 사람들에게 이야기하는 게 편하다고 말한다.

외국인이 한국에서 영어를 하면 오히려 더 외국인으로서 자신의 가치가 올라간다고 자신들이 사용하는 온라인 커뮤니티에서 서로 이야기한다는 것이다. 왜 그렇다고 생각할까? 이는 한국 사회에서 외국어 구사 능력을 중요시하는 시각에서 비롯된 것으로 볼 수 있다(Jieun Kiaer, 2014).* 한국인들이 영어 사용 국가의 외국인들에게 관대하고 더 존중하는 태도를 취하였기에 외국인들도 경험을 통해 습득하게 된 것이다.

그렇다면 한국 사회에서 외국어 구사 능력을 중요시하게 된 여러 요인을 살펴보고자 한다. 그중 핵심적인 4가지 요인에 대해 이야기하고자 한다. 우선 첫째로 국제적 경쟁력 강화를 위해 외국어 구사 능력이 중요

---

* Jieun Kiaer(2014), *The History of English Loanwords in Korean*, LINCOM GmbH; Munich.

해졌다.

한국은 국제적 경쟁력을 강화하기 위해 영어를 비롯한 외국어 구사 능력을 강조하고 있다(대한민국정책 브리핑, 2008).* 이는 기업, 대학 등에서 외국인과의 교류 및 경쟁에서 우위를 점하기 위함이다. 두 번째로 외국어 교육의 보급이다. 한국에서는 외국어 교육이 보급되면서 많은 사람들이 외국어를 배우고 있다. 이러한 상황에서는, 외국어 구사 능력이 개인의 경쟁력을 높이는 요인으로 작용하게 된다(정다운 외, 2021).**

세 번째로는 전통적인 교육 체계의 영향이다. 한국에서는 전통적인 교육 체계에서 언어 능력이 중요한 역할을 하였다. 이는 한자 교육 등에서 나타난 것처럼, 언어 능력을 통한 사회적 지위와 인정을 받았기 때문이다(허선미 외, 2016).***

마지막으로 인터넷이 발달하고 글로벌화가 진행됨에 따라, 한국인들은 외국인들과의 교류와 소통이 더욱 빈번해졌다. 이러한 환경에서는 외국어 구사 능력이 매우 중요한 역할을 하게 되었다(김하정 외, 2018).****

필자의 학생들은 영어로 한국 사람들에게 이야기하면 한국 사람들이

---

* 영어교육 개혁으로 국가 경쟁력 강화...지금이 적기", 『대한민국정책브리핑』, 2008년 1월 28일. https://www.korea.kr/news/policyFocusView.do?newsId=148648065&pkgId=49500346&pkgSubId=&pkgSubs=&exceptNewsId=&cardYn=&cateId=&cateIds=&sectId=&sectIds=&nCateIds=&nSectIds=&dataValue=&pageIndex=1#policyFocus

** 성나운, 안정사(2021). "영어 학습사의 사율성 연구에 내한 고찰" 『Korean Journal of English Language and Linguistics』, Vol 21, January, 19-43.

*** 허선미, 최인이(2016). "고학력 결혼이주여성의 탈구위치와 인정투쟁: 이중언어강사를 중심으로"『사회과학연구』 제27권 제4호, 181-211.

**** 김하정. 원효헌(2018) "대학생의 영어 학습 경험에 관한 연구"『수산해양교육연구』, 제30권 제1호, 통권 91호, 295-304.

대답을 확실히 한다고 한다.

　이런 경우는 다음과 같은 이유 때문이 아닐까라는 생각을 한다. 우선 한국인이지만 영어를 능숙하게 사용하고 외국인과 자주 상호작용하면서 영어를 사용하는 경우가 많아서 영어 사용이 익숙하거나 편리한 경우가 있다. 이 경우에는 우월감과는 무관한 이유로 영어를 사용한 것일 수 있다.

　반면, 일부 한국인은 외국어 사용을 통해 우월감을 느끼는 경우가 있다. 이는 다른 언어를 구사하는 능력을 높이 사기 때문에 그럴수록 외국어가 보다 인기 있는 언어라고 인식하는 경우도 있다.

　위의 상인과 학생의 대화에서와 같이, 외국인들이 한국어를 구사할 기회를 놓치게 만든 이유가 한국인이라는 것도 상당히 모순적이라 할 수 있다. 외국 유학생들은 어려운 한국어를 배우며 한국이라는 나라를 배워가고 있다. 이런 그들에게 그들이 하는 한국어를 조금 귀 기울여 듣고 한국어로 대답해 주는 배려와 격려를 한다면 그들이 어려워하는 한국 언어체계를 빨리 습득하고 한국 사람들과 동일한 언어를 사용하고 공유함으로써 공동체 의식을 가질 것이다. 이런 의식으로 외국인은 한국인과 더 가까워졌다고 생각하며 한국 문화를 더 이해하는 계기가 될 것이라고 생각한다.

　한국어 학습의 어려운 점으로 돌아가서 보면, 한국어는 형태소가 다양하게 사용되기 때문에 단어 하나에 여러 가지 뜻이 존재할 수 있다. 또한 한국어의 단어들은 서로 유사한 형태를 가지고 있어서 단어의 뜻을 구분하기 어렵다. 예를 들어 '잡다'라는 단어는 다양한 의미를 갖고 있다. '잡다'는 '손으로 물건을 붙잡다'라는 뜻 이외에도 '무엇을 찾거나 얻다'라는 뜻, '어떤 사실을 이해하다'라는 뜻 등으로 사용될 수 있다.

　동일한 단어뿐만 아니라 비슷한 모양의 단어도 유학생들에게는 정말 힘든 일이다. 학생들은 비슷한 단어 모양에서 헷갈려 하는 경향을 보였다. 한번은 강의 중 한 학생이 손을 들어 질문을 했다. "선생님, 어제 집에 갔어요. 가게 이름에 '네일' 봤어요. 왜 가게에 네일(내일)을 써요? '네일'하고 '내일'은 달라요?"라며 도무지 이해할 수 없다는 표정으로 질문했다. 한국인이 볼 때는 너무 웃긴 질문 같지만 외국인에게는 아주 어려운 문제다.

　외래어로 사용되고 있는 손톱을 일컫는 '네일'과 오늘 다음 날의 뜻인 '내일'을 동일한 글자로 보는 외국인이 많다. 이 글자의 뜻이 다르다는 설명은 그들에게 마치 크리스토퍼 콜럼버스의 미주대륙 발견 당시의 놀라움을 자아낸다. 이렇게 다양한 의미가 있는 단어든 비슷한 모양의 단어든 외국인들에게는 이해하기 어려울 수 있다. 외국인들이 한국어를 처음 배울 때, 단어 하나에 여러 가지 뜻이 존재한다는 것과 모양은 비슷하지만 다른 뜻을 가지고 있다는 것을 쉽게 이해하지 못할 수도 있다. 우리도 영어 학습 초기 단계에 'b', 'd'를 헷갈려 하는 경우도 있고 'bed'와 'bad'를 헷갈려 하는 경우가 있는데 바로 이런 경우와 비슷하다고 보면 된다.

　그리고 외국 학생들은 동음이의어에 대해 어려워하고 많은 질문을 하였다. 한 예로 학생이 '배'라는 단어에는 왜 이렇게 의미가 많이 있느냐는 것이다. 그래서 필자는 먹는 배, 타는 배, 몸의 배에 대해서 설명을 해주고 이해를 하였냐고 하니 그 학생은 "선생님, 제 친구 이름이 배미현이에요. 그럼 미현이 이름 앞에 배는 어떤 배예요? 먹는 배 미현이? 타는 배 미현이? 미현이 배예요?"라고 하는 것이다. 순간 필자는 외국인 학생에게 성 씨인 배를 이야기하지 않았다는 것을 알고 부지런히 설명을 해준 적이 있었다. 이렇게 외국인은 우리가 생각하지 못한 부분에 대해 단어 의미 그 이상으로 해석할 수 있기 때문에 정확하게 알려줄 필요가 있다.

　또한 외국인들은 한국어에서 각 단어의 뜻을 파악하는 것이 쉽지 않을 수 있다. 이는 한국어 특성 때문인데 한국어는 문장에서 조사나 어미 등이 매우 중요한 역할을 하기 때문이다. 따라서 외국인들이 한국어를 배울 때 실제 상황에서 많은 대화를 하는 것이 가장 효과적이다. 이를 위해서는 한국인의 도움이 필요하다. 외국인들이 한국어로 먼저 대화를 시도한다면 한국어로 대답하는 센스를 발휘하는 것이 좋다. 한국어로 대답해 주는 당신은 한국어 발전과 미래에 도움이 되는 일을 하는 것과 동시에 국가의 발전에 이바지하는 작은 선행을 하는 것일 수 있다.

　다음으로 한국어가 어려운 이유는 한국어는 다른 언어와 달리 높낮이, 강세 등의 발음이 매우 중요하기 때문이다. 이러한 발음과 억양을 잘 익히지 않으면, 외국인들은 한국어의 듣기와 발음 이해에 어려움을 겪을 수 있다. 한번은 강의 중 이런 일이 있었다. 학생이 너무 피곤해 보여서 무엇을 했느냐고 하자 아르바이트를 했다고 하였다.

　무슨 아르바이트를 했느냐고 묻자 그 학생은 "서비스업"이라고 대답했다. 필자는 "서비스업이 뭐예요?" "어떤 서비스업이에요?"라고 하자 그 학생은 "숙박"이라고 대답했다. 그래서 나는 "숙소?"라고 하니 그 학생은 그 단어가 아니라는 난처한 표정을 지으며 대충 고개를 끄덕였다.

　하지만 그 학생의 짝꿍인 여자친구가 "숙박 아니에요. 숙복, 숱볼"이라는 것이다. 필자는 이 이야기를 하면 참으로 스스로가 부끄럽다. 이렇게 학생들이 어렵게 이야기를 하는데 '도무지 숙박이 아니고 뭘까?'를 그 짧은 시간에 숙박 발음과 관련된 몇 단어만을 떠올렸다. 그런 상황이 연속되자 그 학생은 힘차게 말했다. "숯!!!불!!!!!!!!" 필자는 순간 바로 알 아차렸다. "아, 숯불이구나…" 음식점에서 숯불 관련 일을 하는 것이다. 이 학생은 "숯불을 만들어요. 그리고 손님에게 숯불을 줘요."라고 말했다. 이 학생의 경우, '숯'에서의 'ㅊ' 받침 발음을 어려워하고 '불'의 'ㅜ' 발음을 'ㅗ'로 발음하는 오류를 보였다. 이 학생뿐만 아니라 많은 외국 학생들이 한국의 받침소리와 'ㅜ'와 'ㅗ'와 같은 모음 소리를 어려워하는 경향을 보였다.

어쨌든 이 학생은 한국이라는 외국에서 주로 학업에 열중하지만 어려운 유학 생활에 조금이나마 도움이 되려고 아르바이트까지 하는 성실함과 부지런함을 보여서 내가 진심으로 응원하고 칭찬하였다. 여기서 잠깐 외국인 유학생의 아르바이트에 대한 규정을 잠시 논하고자 한다. 한국에서 아르바이트를 하기 위해서는 조건이 필요하다. 보통 필자의 외국인 유학생들은 공부를 하기 위한 비자인 D-4 또는 D-2를 소지하고 있다. 이 말은 영리나 취업 활동은 원칙적으로 금지되어 있다. 그래서 신청 허가를 받아 신청자격을 갖추면 아르바이트를 할 수 있다. D-4 비자와 D-2-8 비자 소지자는 입국 후 6개월이 지나야 아르바이트 자격 요건을 충족한다. 하지만 그 외 D-2-1~4, D-2-6, D-2-7 비자 소지자는 입국 후 바로 아르바이트 신청이 가능하디. 이르비이트를 위해 중요한 자격 요건은 토픽(TOPIK) 성적이다. 한국어 연수 목적인 학생들은 TOPIK 2급 이상 보유하고 있어야 하고 전문학사와 학사(D-2-1~D-2-2)인 1~2학년은 3급 이상, 학사(D-2-2) 3~4학년은 4급 이상을 보유해야 한다. 대학원 학생일 경우 모두 4급 이상을 보유해야 하는데 이러한 한국어 능력이 아르바이트에서 의사소통을 하기 위해 필요한 최소한의 기준이라 보인다. 상황에 따라 토픽 성적이 꼭 필요하기도 하지만 토픽 성적이 필수가 아닌 경우도 있다. 이러한 경우는 근무 가능 시간이 짧아진다. 토픽 성적이 있는 경우에 비해 2분의 1시간으로 줄어든다. 만약 이와 같은 기준을 어기고 불법으로 취업한 경우가 적발된다면 고용인과 피고용인 모두 처벌받게 된다. 보통 벌금을 꽤 많이 내는데 많게는 2,000만 원까지 내기도 한다. 또다시 적발될 시에는 강제퇴거 조치가 되며 실제로 필자 학생들 중에 1년이 지나지 않은 상태에서 재적발되어 고향으로 귀국한 학생도 있었다.

이러한 엄격한 상황에서 공부를 포기하고 일을 목적으로 하는 외국 학생들의 경우 한국에서 오래 공부하기는 어렵다. 이런 경우의 학생들은 보통 공부를 중단하고 자국으로 돌아가 취업비자를 다시 발급받고 학업을 포기하는 경우가 많다. 그러나 이 학생의 경우 학업을 모범적으로 잘 수행하고 시간이 날 때마다 쉬지 않고 아르바이트를 하는 모습이 인상적이었다. 무더운 여름 날씨에도 공부도 하고 숯불을 피우며 자신의 꿈을 이루려고 노력하고 있었다. 그렇게 땀 흘려 번 돈으로 한국어를 열심히 배우고, 생활비로도 사용하였다. 그 학생은 나에게 자신의 아르바이트 식당으로 초대하기도 하였다. "선생님, 고기 숯불에 와요." 아직도 그 학생의 따뜻한 마음을 잊지 못한다.

또 다른 발음과 관련된 잊지 못할 에피소드가 생각난다. 보통 한국에 적응하고 어느 정도 기초단계를 거치면 '음식 만들기'와 같은 요리에 대해 한국어로 구사하는 학습을 하고 발화연습을 하게 된다. 한번은 수행

평가와 같은 평가항목으로 고향 음식 중에 소개하고 싶은 요리법을 발표하도록 하였다.

첫 번째로 발표를 시작한 학생은 바게트 샌드위치 만드는 법을 설명하고 싶다고 하였다. 그 학생은 이렇게 발표를 시작했다. "먼저 썩은 빵을 준비해요." 순간 썩은 빵이 아니라 학생은 '썰은 빵'을 이야기하고 싶다는 것을 눈치로 알아차리고 피드백을 준 적이 있다. 그 이후 그 학생은 '썩은'과 '썰은' 발음을 헷갈려 하지 않고, 발화라는 경험을 계기로 그 이후부터 정확하게 발음하였다.

우리나라는 다양한 외래어가 존재하는데 외래어를 쓸 경우 보통 한국인은 외국인이 외래어를 잘 이해할 것이라 생각한다. 하지만 오히려 외국인은 한국인이 발화하는 외래어를 잘 못 알아듣는 경우가 대부분이다. 예를 들어 주스(Juice)를 그대로 사용하고 있는데 외국인들에게 주스라고 하면 발음상의 문제로 헷갈려 하는 경우가 있다.

외국 학생들 중, 간혹 국가의 교육과정상 영어를 배우지 않은 국가의 학생들이 있다. 이 학생들은 영어단어를 학습한 적이 없기 때문에 영어의 의미를 받아들이는 과정에서 한 번의 어려움을 겪게 되고, 한국어를 학습하는 과정에서 또 한 번의 어려움을 경험하게 된다. 한번은 비영어 학습 국가 학생들에게 스마트폰을 이야기하였는데 아무도 스마트폰이 뭔지 모르는 것이었다. 그래서 직접 스마트폰을 꺼내 들고 알려준 적이 있었나. 샌드위치와 햄버거라는 단어를 고향에서 배운 직이 없는 경우도 있었는데 이럴 경우 샌드위치와 햄버거가 무엇인지 먼저 설명하고 샌드위치와 햄버거라는 한국어로서의 외래어를 설명해야 더욱 쉽게 받아들이는 경향도 보였다. 외국 학생들의 문화에서 샌드위치와 햄버거를 경험한 적이 없을 경우, 문화적 이해가 우선적으로 이루어져야 하며, 문화적 이해가 제대로 이루어졌을 시에 외래어를 잘 기억하고 사용하는 경향을 보였다.

이 외에도 학생들은 한자로 된 한글을 어려워하였다. 그래서 학생들에게 왜 한글 사용에 한자 글자가 있는지의 역사적인 설명도 함께 하는 경우가 학생들의 이해도와 한자 글자의 습득력을 높이게 하였다. 학생들은 세종대왕이 만든 한글이 있는데 왜 여전히 중국 한자를 쓰는지 너무 이해가 어렵다는 반응이다. 학생들이 어려워하는 한자를 사용한 한국어 단어로는 우정, 음악, 목수, 수건과 같은 낱말이다. 그런데 한자 한글의 의미를 알려주면 정말 재미있어하는 경향도 보인다.

외국인이 어려워하는 또 다른 한국어 부분은 관용어와 숙어이다. 외국어로 번역될 때, 이 표현의 비유적인 의미가 전달되지 않을 수 있기 때문에 문화적인 배경과 관용어에 대한 이해가 없는 외국인들에게는 이러한 표현이 낯설고 이해하기 어렵다. 하지만 외국 학생들이 처음에는 어려워하지만 학습한 후 학습 성취도가 높은 관용어들이 있다. 그런 것은 '눈치가 빠르다(to have quick judgment or understanding)'나 '속이 쓰리다(to feel bitter or resentful)'와 같은 것이다. 눈치라는 말이 영어로 표현하기 어려워서 한글 그대로 '눈치'라고 쓰는 외국인도 많다. '속이 쓰리다'에 대해서 설명할 때, '사촌이 땅을 사면 속이 쓰리다'와 같은 관용어의 뜻이 뭐라고 생각하느냐고 외국 학생들이 질문하자 한 학생은 "너무 많이 아파요?"라고 답하거나 "사촌 동생이 저를 땅에서 다치게 했어요?"라고 대답하였다. 이 표현의 의미로 부러움을 느끼고 속상해진다는 것이라고 이야기를 하니 학생들은 "오 마이 갓. 아니에요. 가족은 같이 기뻐해야 해요."라며 황당해하는 모습을 보이기도 했다. 이렇게 학생 각자의 문화적인 배경과 이해가 달라서 관용어는 한국인의 사상과 문화를 이해해야 쉽게 배운다.

또 다른 예를 들어 '개척하다', '손발이 오그라들다', '호랑이도 제 말하면 온다', '고래 싸움에 새우 등 터진다', '말 한마디로 천 냥 빚을 갚는다'라는 표현이 있는데 외국인이 이해하기란 쉽지 않다. 말 한마디로 천냥 빚을 갚는다는 표현은 말의 힘과 영향력을 강조하는데, 이러한 표현을 이해하고 해석하는 데 외국 학생들은 어려움을 겪는다. 필자는 '고래 싸움에 새우 등 터진다'라는 말을 설명하기 위해 고래를 크게 그린 후, 새우를 그 사이에 그려 학생들을 이해시켰던 기억이 있다. 이때 학생들은 왜 이런 상황이 발생하는지 다소 이해하기 어려워했다. 또한 '말 한마디로 천 냥 빚을 갚는다'라는 표현 역시도 학생들의 반응이 정말 귀여웠다. 학생들은 "말이 비싸요?", "말이 천만 원이에요?"와 같이 처음 접할 때, 학생들은 생소하고 이해하기 어려워했다. 외국 학생들이 이런 표현을 처음 접할 때에는 그 의미를 직관적으로 이해하기 어렵고, 한국 문화와 관련된 배경 지식이 부족해서이기 때문에 위와 같은 한국인의 생각 구조를 이해하는 것 또한 중요하다는 것이다.

이와 관련된 또 다른 예로 '돈방석에 앉다'라는 관용어를 강의하는 날이었는데 학생 한 명이 손을 들더니, "저 그거 알아요. 남대문 시장에 가면 논방석 많이 팔아요. 오만 원 그림 돈방식, 만 원 돈빙석 있어요."라고 하는 것이다. 필자는 학생들이 남대문에서 판매하는 돈방석을 그대로 인식하는 모습이 귀엽기도 하고 웃기기도 하였다.

그래서 남대문 돈방석과 관련하여 이해하기 쉽게 이 관용어를 설명한 적이 있다. 이와 비슷한 관용어로 '바늘방석에 앉다'라는 말이 있는데, 학생들은 왜 바늘에 앉느냐고 많은 질문을 하였다. 그래서 필자는 속뜻을 알려주는데 참으로 한국 사람들은 복잡한 생각 구조를 가졌다는 반응을 보였던 학생들이 많았던 기억이 난다.

위에서 언급된 '호랑이도 제 말 하면 온다'라는 관용어를 배운 날, 오양가라는 학생이 결석을 왜 했느냐고 다른 학생에게 물어보고 있는 중에 오양가가 강의실로 걸어 들어온 적이 있었다. 그때 학생이 "선생님, 호랑이가 왔어요."라고 하는데 오양가만 못 알아듣고 어리둥절해했던 기억이 난다.

비록 외국 학생들이 이런 관용구나 속담 등을 이해하고 사용하기에는 어려울 수 있지만 일단 외국 학생들이 학습을 하고 배우면 한국 문화의 일부분을 배웠다는 만족감과 성취감을 느끼게 된다. 무엇보다 어려운 관용어를 하나씩 배워 나감으로써, 한국인의 생각과 표현을 이해할 수 있다고 느껴서 자신이 한국인으로 완성되어 간다는 느낌이 든다는 학생도 있었다.

이와 같이 어려운 한국어를 이해하기 위해서는 최대한 한국인들과 대화를 많이 하는 것이 필요하다. 그러기 위해서는 한국인들의 협조가 적극적으로 필요하다고 생각한다. 하지만 한국인의 협조가 쉬운 일은 아니다. 한번은 학생이 필자에게 한국 사람들은 왜 외국 사람들을 피해 다니느냐고 질문한 적이 있다.

필자는 그게 무슨 말인지 정확하게 알고 싶어 학생에게 물어보니, 그 학생이 한국어로 질문을 하고자 한국인 여성이 혼자 서 있길래 다가가서 질문하려고 하니 엄청 놀라며 도망쳤다는 것이다. 그러면서 그 학생은 자기가 무섭게 생겼는지, 한국 여성들이 외국인을 혐오하는 것인지 질문한 적이 있다. 필자는 그 한국 여성이 누군지 모르고 왜 그렇게 도망을 가야 했는지도 모르지만, 그 여성을 대신해서 학생들의 오해를 풀어 줘야 한다는 것만 알고 있었다.

그래서 학생들에게 설명해 주기를 개인적인 경험에 따라 그럴 수도 있고, 아마 최근에 연이어 나온 '묻지마범죄'에 대한 보도를 보고 긴장한 상태일 수도 있다고 말이다. 가장 중요한 것은 필자의 학생이 싫어서나 혐오적으로 생각해서 한 행동이 아니라는 것을 확실하게 해두고 싶었다. 필자의 학생은 여전히 그날의 섭섭함을 가지고 있었고, 필자도 지하철이나 지하철역에서 혼자 있을 경우 누군가 갑자기 질문을 하면 놀라거나 경계하는 모습을 보인다고 학생에게 설명하였다.

한번은 학교 조교 학생에게 위의 한국인 여성과 같은 경우인 적이 있는지, 만약 그럴 경우 어떻게 하겠느냐는 질문에 조교 학생은 의외의 반응을 보였다. "교수님, 저는 외국인이 말 걸면 무서워요."라는 것이다. 필자는 왜 그러냐고 하니 조교 학생이 하는 대답이 "저는 영어를 못해서, 외국인과 말하는 게 부담스럽고 무서워서, 어차피 대답도 못해 주니까 그냥 얼른 도망가게 되더라고요." 필자는 순간 이런 경우일 때, 외국인이 100% 오해할 수 있겠구나라는 것을 깨달았다. 혹시 독자분들 중에 이런 경우의 입장이라면 간단히 "미안해요."라고 한국어로 말해 주면 오해는 피할 수 있다.

다음으로 외국인들이 한국어를 배우는 것이 어려운 이유는 한국어에는 미세한 차이에 따라 뜻이 달라지는 문법적 표현이 많기 때문이다. 이를 제대로 이해하고 사용하기 위해서 깊이 있는 학습과 이해가 필요하다. 필자의 학생들이 한국어를 처음 배울 때, 가장 헷갈려 하는 부분은 '은'과 '는', '아/어', '이/가'와 '을/를'이다. '저는 학생입니다'와 '저은 학생입니다'가 이들에게는 다소 헷갈리는 편이다. 그리고 '오늘은 비가 옵니다', '어제는 비가 왔습니다'와 같은 '은'과 '는'의 사용은 어렵지는 않지만 활용을 많이 하지 않아 헷갈리는 경향을 나타낸다.

또한 '아/어'의 차이도 문맥에 따라 뜻이 달라지는 부분을 학생들은 어려워한다. '아'는 모음으로 끝나는 단어 뒤에 사용되고, '어'는 자음으로 끝나는 단어 뒤에 사용된다는 부분까지는 어렵지만 어떻게든 이해하려고 노력하는 모습을 보인다. 그런데 '밥을 먹어요'와 '음악을 들어요'에서 '어요'는 같은 표현이지만, 끝소리에 따라 의문형인지, 청유형인지, 감탄형인지 다르게 표현되는 것을 설명할 때, 학생들은 복잡해하고 어려워한다.

마지막으로 '이/가'와 '을/를'도 학생들이 실수를 많이 하는 편이다. 예를 들어 "나는 사과를 먹었어요."라고 말을 하고 싶어 하지만 실질적으로 학생들은 "나를 먹었어요."라고 말한다. 하지만 학생들은 금세 잘못된 것을 알고 다시 "나는 먹었어요."와 같은 목적어를 제외한 문장을 구사한다. 그런 후, 필자가 "무엇을 먹었어요?"라고 하면 "아, 아, 나는 사과를 먹었어요."와 같은 문장을 구성하게 된다. 이렇듯 외국인에게 한국어 학습은 고생스러운 일이다.

필자의 외국 학생들이 어려워하는 또 다른 부분은 한국어의 반말과 높임말이었다. 필자의 학생들 대부분의 나라는 일반적으로 사회적 계급이나 나이에 따라 말하는 방식이 구분되지 않았다. 반면 한국어에서는 사회적인 관계에 따라 말하는 방식이 달라지는 문화로 인해 외국 학생들은 높임말과 반말의 사용을 이해하고 습득하는 데 어려움을 겪었다.

  필자의 외국 학생이 6살의 어린이에게 높임말로 이야기하는 모습을 캠퍼스에서 본 적이 있었다. 그런데 그 6살 어린이는 필자의 학생에게 반말을 하고 있었다. 참으로 신기한 장면이라고 순간 생각하였다. 그때, 그 학생과 6살 어린이와 어머니가 있었는데, 필자의 학생은 필자를 보고 인사를 하였다.

  자연스레 필자는 학생에게 반말과 높임말에 대해 다시 이야기해 주었던 기억이 난다. 필자가 그 학생에게 어린 친구는 반말을 하는데도 끝까지 높임말을 하였냐는 질문에 그 학생이 대답하기를 자신의 실수로 한국 사람들에게 불쾌감을 주지 않기 위해서라는 것이다. 정말 한국에 사는 외국인이 얼마나 부단히 노력하는지 알 수 있는 한 장면이라 생각한다.

  외국 학생들에게 높임말에 대해 강의할 때의 일화이다. 필자의 학생은 "저는 밥을 드셨습니다. 선생님은 밥을 먹었습니까?"라고 발화한 적이 있다. 선생님을 높여 말하고 싶은 부분을 순간 당황해서 반대로 발화한 것이다. 이렇게 외국 학생들은 높임말에서 주체를 헷갈려 하며 자주 혼란을 겪기도 한다.

  어느 날, 다른 학과 교수님께서 외국 학생에 대해 논의를 한 적 있다. 평소 수업 시간에 강의 내용을 잘은 아니지만 어느 정도 이해한다고 생각했던 외국 학생이 있었는데, 기말평가고사에서 문제를 거의 다 틀렸다. 이런 외국 학생의 결과가 한국어의 문제인시 강의 내용이 너무 어려운 건지 고민을 하셨다는 것이다. 필자는 그 교수님께 기말평가고사에 어떤 질문을 하셨는지 문제를 확인하고 말씀드려야 할 것 같아 기말평가 질문에 대해 여쭤본 적이 있다. 평가고사의 문제를 확인해 보니 한국 학생들에게는 익숙할 단어이지만 외국 학생들에게는 낯설게 느껴질 것 같은 단어가 있었다. 바로 '참'과 '거짓'이라는 단어이다. 외국 학생들은 보통 어학과정에서 '참'과 '거짓'에 대해 문제풀이용으로 학습하지 않는다. 그래서 더욱더 문제를 이해하지 못했을 수 있다. 그래서 필자는 그 교수님께 학생이 아마 '참'과 '거짓'이라는 단어를 잘 이해하지 못했을 수도 있으니 한번 상담을 해보시면 더 명확히 이유를 알 수 있을 것이라고 조심스럽게 답변 드린 적이 있다. 그 이후 그 교수님께서 외국 학생과 상담을 하였는데, 정말 이 학생이 '참'과 '거짓'의 뜻을 몰라서 문제를 이해하지 못했던 것이라고 설명하였다는 것이다. 이런 경우 외국 학생도 배워보지 못한 단어에 당황했을 것이고 그 교수님도 고민을 많이 하셨을 것이라 짐작된다.

외국 학생들은 한국에서 무슨 일이든지 배우고 또 배워도 끝이 보이지 않는 것들을 해내고 있는 것이다. 이들의 고생스러운 여정은 그들이 선택한 것이지만 무엇보다 그 선택에는 한국을 사랑하고 한국 문화를 배우고 싶어 하는 마음이 깃들어 있다.

14

김·떡·순은 어떤 사람입니까?

학생들이 좋아하는 한국의 또 다른 음식은 여러 가지 반찬이다. 학생들에게 이런 반찬은 신세계이다. 일본에서 온 학생들은 식당에서 반찬을 다 먹으면 조금 더 달라고 말하는 것을 어려워하고, 혹시나 식당 사장님이 반찬을 더 준다고 이야기하면 너무 미안해하고 고마워해서 어떻게 해야 할지 모르겠다는 것이다. 이런 경험은 외국 학생들에게 너무 신기한 경험이라 수업 시간에 발표를 하기도 한다.

서양권 학생들도 밥과 반찬 스타일의 한식을 좋아하고 즐긴다. 이들은 많은 반찬과 요리가 함께 상에 차려지면 식당 사장님의 주머니 사정을 걱정한다. 외국학생들은 "식당 사장님들이 반찬도 많이 주고, 밥도 많이 주고, 요리도 많이 주면 어떻게 돈을 벌어요?"라고 걱정하였다. 게다가 서양 학생들은 흰쌀밥을 무척 좋아해서 기본으로 두 그릇씩 먹는다. 하지만 동남아시아에서 오는 외국 학생들의 경우 한국의 쌀이 맛이 없다고 하며 자국의 길고 얇고 깃털처럼 가벼운 안남미쌀을 선호한다.

외국 학생들 중에는 채식주의자 학생들이 많이 있는데, 이들이 좋아하는 음식은 비빔밥이다. 특히 채식주의자 학생들은 비건음식(채식주의자 음식)을 판매하는 식당을 찾아서 많이 간다. 서울에도 비건식당이 꽤 많이 있었는데 학생들 휴대폰 앱에는 비건식당(채식주의자 식당)의 리스트들이 지도로 저장되어 있다.

핀란드에서 온 채식주의자 학생이 있었는데 그 학생이 가장 좋아하는 음식은 사찰음식이라는 것이다. 필자는 사찰음식을 돈을 주고 사 먹는 모습을 보고 사실 놀랐다. 참고로 필자는 절에 자주 가는데 사찰음식을 돈을 지불하고 먹은 적이 없기 때문이다.

그런데 필자의 외국 학생으로 인해 인식을 달리했다. 서울의 대표적인 몇몇 사찰음식점을 알게 되었는데 정말 메뉴도 다양하고 가격도 고가였다. 사실 한국인인 필자도 이런 걸 잘 몰랐는데 많은 외국인 학생들이 사찰음식점을 예약하고 간다는 것이다. 생각해 보면 한국 학생들이 사찰음식점을 찾아서 친구들과 행복해하며 찾아가서 사 먹는 경우는 잘볼 수 없었기에 필자에게는 엄청 놀라운 순간이었다. 사찰음식점의 메뉴들은 정성이 가득해 보였고 필자가 절에서 먹은 음식보다 더 아기자기하게 만들어 놓았다.

이런 상황을 처음에는 이해하지 못했지만 필자가 직접 가서 먹어보니 한국의 미각을 느끼기에 적당한 곳이라는 걸 깨달았다. 필자는 한국인으로서 한국에 대해 모르는 게 없다고 생각했던 오만한 마음을 필자의 학생들로 인해 버리고 많은 것을 배우게 되었다. 필자는 그들의 스승이지만 필자의 학생들이 가끔 필자 삶의 스승이 되기도 하는구나 하는 생각을 하였다.

한번은 외국 학생이 식당 메뉴를 보고 놀라워한 적이 있었다. 예를 들어 김밥천국이라는 한국의 평범한 김밥집을 생각해 보자. 그곳에 가면 메뉴가 정말 많다. 특히 회사가 많이 있거나 학교 앞은 김밥천국이라는 식당에서 감자탕부터 스테이크까지 무려 50가지 가까운 종류의 음식을 요리하여 판매한다. 한번은 외국 학생 한 명이 한국인은 정말 요리를 잘하는 것 같다고 하였다. 왜 그렇게 생각하는지 필자의 질문에 외국 학생은 이렇게 대답하였다.

"정말 대단해요. 이렇게 많은 메뉴를 많은 셰프들이 나누어서 요리해요? 그런데 요리사들이 많이 없어요. 1~2명의 이모님이 다 만든다고 사장님은 말했어요."

외국 학생의 입장에서는 50가지 이상의 메뉴를 만드는 이모 셰프님이 정말 천재적이라고 생각하였다. 필자는 학생이 놀라기 전까지 이런 부분을 생각해 보지 못했다. 아마 필자의 일상생활에서 김밥천국을 가더라도 한 분의 주방 이모님이 한식, 일식, 양식, 중식을 모두 아우르는 모습을 당연하게 느끼고 생활했기 때문이 아닐까라는 생각이 들었다. 이런 필자의 반응은 한국인으로서 한국 문화에 적응했기 때문에 중요하게 생각하지 않았던 것 같다.

그러나 외국 학생의 경우는 한 명의 셰프가 한식, 일식, 중식, 양식을 모두 요리한다고 생각하면 문화적인 충격이라고 이야기하였다. 외국 학생의 의견을 듣고 보니 필자 역시도 천재적인 이모님 셰프가 만들어 주시는 김밥을 사 먹는 것을 너무 소홀히 생각했던 건 아닌지, 한국 음식 문화의 소중함을 새삼 깨닫게 되었다.

외국 학생들은 한국 분식도 즐겨 먹고 좋아한다. 특히 길거리 분식을 좋아하는데, 떡볶이, 순대, 어묵, 튀김을 자주 사 먹기도 한다. 한번은 길거리 음식을 좋아하는 학생이 필자에게 "선생님, 김 떡 순은 어떤 사람입니까?"라고 질문하였다.

그 학생은 길거리 포장마차 메뉴에 '김떡순(김밥, 떡볶이, 순대)'을 보고 메뉴를 발명한 사람인지 어떤 의미인지 잘 몰라 질문을 한 적이 있었다. 그래서 필자는 '김떡순', '김튀순(김밥, 튀김, 순대)', '김떡만(김밥, 떡볶이, 만두)', '김떡(김밥, 떡볶이)', '떡순(떡볶이, 순대)', '떡튀순(떡볶이, 튀김, 순대)' 등과 같은 메뉴를 이해시키기 위해 한참을 설명한 적이 있었다.

외국 학생들은 필자의 설명을 집중해서 듣더니, 한국 사람들은 정말 머리가 좋고 재미있다고 하였다. 필자의 학생은 '떡튀순(떡볶이, 튀김, 순대)'이 가장 좋다며, 무언가 몰랐던 것에 대해 큰 발견이라도 한 듯, 다른 외국 친구들에게 '김떡순'이 무엇인지 이야기해 주고 SNS에도 올리는 모습을 보았다. 필자 역시도 사소한 것이지만 외국 학생들이 몰랐던 부분을 알려줌으로써 보람을 느꼈고, 이런 외국 학생들의 모습은 한국 문화를 사랑하지 않으면 나타나기 힘든 모습이라 생각되었다.

〈포장마차 김떡순〉

서양과 동양을 구분하지 않고 외국 학생들에게 한국 음식 중에 가장 인기가 많은 것은 닭갈비다. 닭갈비를 맛본 이들은 무조건 닭갈비 이야기를 하고 사진을 보여준다. 왜냐하면 외국인들에게 닭갈비라는 이름이 너무 어렵기 때문이다. 외국인들이 오래도록 이해할 수 있는 '레드 치킨' 또는 '칠리 치킨'과 같은 닭갈비의 새로운 국제 이름이 붙여지면 좋겠다. 이들은 닭갈비에 대해 항상 "어쩜 이렇게 맛있는 음식이 한국에 있나요?"라고 말한다. 필자가 이들에게 "닭갈비가 맵지 않아요?"라고 하니 닭갈비 정도의 맵기는 누구든지 먹을 수 있는 수준이라는 것이다. 이들은 정말 닭갈비를 좋아한다. 그래서 한번은 닭갈비의 역사와 유래로 시작한 닭갈비에 대한 강의만 날을 잡아 한 적이 있다. 이러한 닭갈비를 세계시장에 내어놓는다면 불고기보다 더 유명세를 보일 것이 확실해 보였다.

이렇게 외국 학생들은 신기하면서도 훌륭하고 뛰어난 한국 음식과 문화에 관심이 많고 무엇이든 새롭게 배울 자세가 되어 있다. 하지만 이렇게 모든 외국인이 한국 음식에 대해 긍정적으로 반응하는 것은 아니다. 이와 다르게 한국 음식 중 외국 학생들이 싫어하는 음식도 있다.

우선 외국 학생의 절반은 김치를 좋아하지만 절반은 좋아하지 않아서 의외로 김치를 싫어하는 외국 학생들이 많다. 그리고 동양권이든 서양권이든 외국 학생들이 싫어하는 음식은 갈비탕, 곰탕, 설렁탕과 같은 고기 국물 종류이다. 필자의 수업 시간에 한국 음식에 대해 학습하였는데, 그 당시 필자의 외국 학생들이 상당히 솔직한 편이었다.

그래서 한국 음식을 싫어하는 부분을 솔직하게 이야기하였는데, 가장 많이 이야기하는 부분이 사골 국물과 갈비탕이었다. 그 이유에 대해서는 '걸레를 빨래한 물의 맛이 난다'는 것이다. 설날 체험을 위해 떡국 시식 문화체험이 있었는데 당시 떡국에 육수가 사골이었다. 30명이 넘는 외국 학생들 중 2명만 빼고 모두 다 떡국을 하나도 먹지 않았다.

떡국에 만두도 들어갔는데 외국 학생들은 만두를 보고 헷갈려 했다. 만두는 중국 음식인데 왜 한국 음식인 떡국 안에 들어갔느냐는 것이었다. 그리고 사골에 냄새가 많이 나고 물만두와 같은 중국 음식은 좋아하지 않는다며 거의 30그릇을 모두 남기고 식당을 떠났던 기억이 난다. 특히나 동남아시아에서 오는 학생들이 더 이런 종류의 음식을 싫어했다.

서양에서 온 외국 학생들 대부분이 싫어하는 음식은 한국 피자였다. 필자는 사실 이 이야기를 들었을 때, 다소 이해하기 힘들었다. 서양 학생

〈한국 음식을 즐기는 외국 학생들〉

들의 애용 식품이 피자인데 왜 싫다는 건지 궁금해서 물어보니, 그 학생들이 대답하기를 "한국 피자는 너무 달아요, 그리고 종류가 너무 많아요. 종류는 다 다른데 피자 소스는 모두 달아요. 정말 이상해요. 북미권 피자는 안 달아요. 한국 피자가 너무 달아서 못 먹겠어요. 그래서 한번 맛을 보고 먹어본 적이 없어요."라고 말이다.

그래서 외국 학생들 중에 불고기를 많이 좋아하는 학생은 그다지 많지 않았다. 너무 단 간장소스가 먹기 힘들다는 이유였는데, 불고기 양념이 많이 달지 않을 경우는 불고기가 맛있다고 이야기하는 외국 학생들도 있었다. 이렇게 서양에서 온 외국 학생들은 단맛이 나는 간장소스를 싫어하는 경향을 보였고, 서양스러운 맛이 나는 달지 않은 피자, 볶음밥,

---

* 한국 음식과 연수생들 고향의 음식을 교류함으로써 서로 나라의 공통점을 찾게 되고 친밀감을 가지게 된다. 또한 서로의 다른 점을 찾아 각 국가의 사회적·문화적 특색을 이해하는 계기가 된다.

치킨 프라이드, 바비큐와 같은 한국 음식을 좋아하는 편이었다. 그러나 디저트 음식이 단것은 너무나 좋아하는 반대 성향도 보였다.

이렇게 음식의 취향이 맞지 않으면 외국 학생들은 배탈이 자주 나는데, 한국에 온 3~6개월이 되면 학생들이 아주 많이 말라 있는 모습을 볼 수 있다. 외국 학생의 고향에서 먹는 음식과 달라서 살이 빠지는 것에 대해 학생들은 긍정적으로 생각하는 경우가 많이 있었다. 역시 한국 음식이 다이어트가 잘 된다고 생각한다면 그 덕분에 자신이 많이 예뻐진 것 같다는 것이다.

15

"

편의점에 가려고
한국에 왔나 봐요.

"

이번에는 외국인이 한국 음식에 놀랍게 적응하는 과정에 대해 서술해 보고자 한다. 대부분의 외국인이 그렇다는 것은 아니며 필자의 외국 학생들을 기준으로 경험한 것임을 알아주길 바란다. 우선 한국 음식에 대한 반응은 나라별로 좀 다른 경향을 나타낸다.

서양권에서 오는 학생들의 경우 한국 음식의 가장 좋은 점은 음식 가격이 저렴하다는 것이고, 동남아시아권에서 오는 학생들이 한국 음식에 대해 가장 좋아하는 점은 음식이 맛있다는 것이다. 이런 음식의 긍정적인 반응은 외국인들의 적응을 돕는 데 아주 효과적인 역할을 하기도 한다. 외국 학생들이 부정적인 인식을 가지고 있는 한국 음식을 이야기하기 전에 한국의 적응을 돕는 한국 음식에 대해 이야기하고자 한다. 우선 김치가 소울푸드가 된 학생들에 대해 이야기해 보고 싶다.

외국 학생들의 절반 이상은 김치를 좋아하고 절반은 김치를 정말 싫어한다. 그런데 신기한 점은 김치볶음은 외국 학생 누구나 다 좋아한다는 것이다. 그래서 서양권 학생들이 제일 좋아하는 메뉴 중 하나는 김치볶음밥이다. 그 이유는 싸고 맛있기 때문이라는 것이다. 필자의 학생 중에는 점심시간에 김치볶음밥만 1년 내내 사 먹은 학생도 있었다. 이 학생은 몸이 아플 때도 김치볶음밥을 먹으면 금방 낫고, 기분도 좋아진다며 자신의 인생 음식이 되었다는 것이다. 이런 인생 음식을 한국에 와서 찾게 되어 너무 기쁘다며 자국으로 돌아가서 가족들에게 김치볶음밥을 꼭 소개하고 싶다는 것이다.

또 다른 외국 학생들이 가장 좋아하는 것은 덮밥 종류이며 국물 요리를 별로 좋아하지 않는 학생이 많다. 한국 학생들과 비슷하게 외국 학생들은 편의점 음식을 정말 좋아한다. 처음에 적응기 때는 학생들이 편의점이라는 곳을 잘 모른다. 왜냐하면 자국에 편의점이 없는 나라가 많고 편의점에서 이렇게 다양한 메뉴의 음식을 판매하는 나라는 드물기 때문이다.

그런데 수업 학생들 중 한 명이 편의점에 대해 알기 시작하면 순식간에 반 학생 모두가 편의점에 대해서 알게 된다. 한번은 개강하고 얼마 지나지 않은 시점이었는데, 학생들이 한국에 온 지도 얼마 되지 않은 때였다. 보통 개강 초기에는 다소 불완전한 분위기를 보이며 얼굴이 누렇게 떠 있는 학생, 비행기를 타고 막 도착해서 정신이 하나도 없는 학생, 한국이라는 낯선 환경이 처음이라 얼굴에 핏기가 없고 걱정만 가득한 학생 등 분위기로 따지면 카오스 상태라 할 수 있다. 이만큼 학생들이 부적응 상태이고 시간이 흐를수록 조금씩 적응해 가는데, 이 적응을 가장 도와주는 것이 편의점 음식이다.

개강 초 한 명의 학생이 다른 학생들에게 편의점이 어떤 곳인지 설명을 해주면 그 학생들은 정말 신기해하며 그 설명에 집중한다. 그리고 쉬는 시간에 한 명씩 그 학생을 따라서 편의점으로 간다. 이런 식으로 며칠이 지나면 강의를 듣는 학생의 90%는 편의점을 쉬는 시간마다 매일매일 방문한다.

짧은 쉬는 시간 동안 편의점에 가서 먹고 싶은 것을 사 먹기 위해 외국 학생들은 정말 전력질주를 해서 편의점 음식을 사서 다시 전력질주를 해서 다시 강의실로 헐떡이면서 돌아온다. 필자는 학생들이 편의점에 가기 위해 분주한 모습을 "편의점 러시(Convenience store rush)"라고 불렀다. 필자는 학생들에게 편의점 러시를 자주 하면 공부할 에너지가 없어진다고 편의점 러시를 줄여나가길 당부하였다. 하지만, 그들은 편의점 가는 낙으로 한국에 사는 것 같다고 하여 더 이상 강요할 수가 없었다.

한번은 강의실 옆에 CU편의점이 있었는데 그 편의점 사장님은 처음에 외국 학생들이 방문할 때 시끄럽고 정신없고 불편하다고 그리 반기지 않으셨다. 그런데 이 외국 학생들로 인해 매상이 기하급수적으로 늘자, 어느 날 필자의 외국 학생에게 이렇게 말씀하셨다고 한다. "유어 VIP 히어."라고 하시며 덤으로 젤리나 사탕을 사비로 준비하여 학생들에게 매일같이 나눠 주셨다.

나중에 들었던 이야기지만 외국 학생들이 떠난다고 인사를 하러 편의점 사장님에게 가니, 편의점 사장님께서 외국 학생들에게 또 언제 오느냐고 너무 아쉬워하시며 마지막 인사를 하셨다고 하였다. 사장님께서는 마지막 인사에서 학생들에게 "유 어 VIP, 포에버(Forever)."라고 하며 작은 선물도 주셨다. 필자도 그 당시 편의점이 그렇게 장사가 잘되는 것은 처음 보았다. 정말 신기하고 웃긴 일이었다. 이렇게 외국 학생들은 편의점의 음식을 정말 좋아하는데, 그렇다면 어떤 음식을 좋아하는지 구체적으로 이야기해 보고자 한다. 일단 외국 학생들이 가장 많이 사 먹었던 음식은 삼각김밥, 일반김밥, 햄버거, 컵라면이다. 특히 삼각김밥은 너무 맛있다고 한 번에 3개씩 사 먹는 학생도 있었고, 참치김밥은 정말 고급스러운 맛이 난다고 참치김밥만 사 먹는 학생도 있었다.

그런데 동양에서 온 학생과 서양에서 온 학생이 사 먹는 공통적인 편의점 음식은 밥 종류이고, 그 이외 음식은 차이점을 보였다. 우선 서양에서 온 학생들이 좋아하는 음식은 캐러멜, 젤리, 비스킷 종류, 삼각김밥, 쌕쌕이같이 알맹이가 있는 과일 음료수를 좋아하였다. 하지만 햄버거를 잘 사 먹지 않았다.

동양에서 오는 학생들이 가장 좋아했던 편의점 음식은 샌드위치와 햄버거였다. 그 학생들은 샌드위치를 한국에서 처음 봤다고 하였는데, 먹어보니 정말 맛있다고 쉬는 시간마다 샌드위치와 햄버거를 번갈아 가며 사 먹었던 모습이 기억난다. 동양에서 온 학생들은 비스킷 종류보다 빵 종류 비슷한 오예스나 초코파이를 선호하는 경향이 있었고 친구들과 나눠 먹을 수 있는 종류의 과자를 많이 사 먹었다.

특히 이들은 과자를 과자라고 부르지 않고 빵이라고 불렀는데, 이런 경우는 편의점 경험이 자국에서 있지 않아서 정확한 명칭을 몰라 뭐라고 불러야 할지 모르는 것이었다. 그리고 그냥 플레인 맛의 빵보다 아주 단 빵과 과자를 무척 좋아했다. 외국 학생들은 사탕류도 많이 사 먹었는데 편의점 음식을 사 먹을 때마다 필자에게 매번 한 개씩 나눠 주었다. 참고로 필자는 단 음식은 별로 좋아하지 않지만 필자의 손에 사탕 한 개를 주고 싶어 하는 학생의 마음과 쉬는 시간 전력질주를 해서 사 온 고마움이 느껴져서, 고맙게 생각하며 젤리, 사탕, 초콜릿을 엄청 많이 먹었던 기억이 난다.

비록 외국 학생들에게 편의점 가는 길이 순탄치 않았지만 편의점을 전력질주를 하며 갔던 이유는 편의점에서 사 먹는 음식들이 그들에게는 소울푸드(soul food)*였던 것이다. 일차원적인 의미의 간편 식품이 아니라 한국에서 적응하는 가장 영향력 있는 음식이었으며 그로 인해 한국에 더 빨리 잘 적응할 수 있었다. 필자는 사실 편의점 음식을 가벼이 생각했다. 칼로리는 높지만 그리 영양가가 많지 않다고 생각했던 필자의 생각이 바뀌게 된 계기가 되기도 하였다.

학생들에게 마음을 치료해 주는 편의점 식품에 대해 정말 편의점 관계자분들에게 감사함을 전하고 싶다. 외국 학생들에게 편의점 음식과 식품은 정말 유명세를 나타내어 관련 유튜브도 정말 많다. 외국 학생들의 SNS를 보면 편의점에 대한 이야기도 정말 많다.

이렇게 편의점이 유명한 터라 편의점 사장님에 대한 이야기도 많이 한다. 편의점 사장님의 외모부터 말투, 성격, 자신에게 어떤 말을 하고 웃어줬는지 안 웃어줬는지, 사장님이 오늘 무슨 일이 있으신 것까지 섬세하게 다 이야기할 정도로 외국 학생들은 편의점 사장님 모르게 외국 학생들끼리만의 편의점 사장님과의 라포를 형성한다. 그래서 편의점 사장님의 역힐이 한국인을 대표할 수 있어서 외국 학생들에게 정말 중요하다.

---

* 힘들 때, 마음의 위로가 되는 음식을 '소울푸드'라고 젊은 세대는 말한다.

16

신라면, 짜파게티, 불닭 볶음면은
신이 주신 음식이에요.

한국 '먹방'은 비교적 최근 몇 년간 전 세계적으로 인기를 얻은 현상이다. 그러나 정확한 시작 시기나 외국인에게 유명해진 시기를 확정하기는 어렵다. 먹방은 한국에서 오랫동안 존재하던 문화적인 요소이며, 온라인 플랫폼과 소셜 미디어의 발전과 함께 전 세계로 확산되기 시작했다. 2010년대부터 YouTube, Instagram, V Live 등의 온라인 플랫폼을 통해 '먹방' 콘텐츠가 활발히 생산되고 외국인들에게 알려지기 시작했다.

특히 한국인 '먹방' 유튜버들의 인기 상승으로 인해 외국인들이 한국 '먹방'에 대한 관심을 갖게 되었다. 이러한 유튜버들은 다양한 한국 음식을 소개하고 맛집 리뷰, 음식 섭외, '먹방' 도전 등 다양한 콘텐츠를 제공하며, 이를 통해 외국인들에게 한국 '먹방'의 매력을 알리고 있다. 또한 한류 또는 K-pop의 글로벌 인기 상승과 함께 한국 문화 전반에 대한 외국인들의 관심이 높아졌으며, 한국의 음식과 '먹방'도 이에 연동되어 외국인들에게 알려지고 인기를 얻게 된 것이다.

필자의 외국 학생들에게 '먹방'이 왜 좋은지 물어봤을 때, 그들은 시각적 매력, 음식 문화의 다양성, ASMR(Autonomous Sensory Meridian Response)* 요소에 대해 이야기하였다. 우선 학생들이 '먹방'을 보는 이유에 대해 다양하고 풍부한 음식들이 카메라 앞에서 아름답게 진열되어 있는 장면이 마치 자신을 위해 차려 놓은 밥상인 것 같다는 느낌을 받는다는 것이다. 다양한 색상, 재료, 조리법이 조합되어 매우 풍부한 시각적인 경험을 제공하며, 이는 외국인 시청자들에게 큰 매력이 된 것이다. 그리고 한국은 다양한 음식 문화를 가지고 있는데, 외국인은 한국인의 '먹방'을 통해 이런 다양성을 보게 되는 것이다. 한국 각 지역의 특산물이나 전통 음식부터 현대적인 길거리 음식까지 다양한 종류의 음식이 소개되는데, 이는 외국인들에게 한국의 다양성과 독특함을 경험하게 하기 때문에 좋아한다는 것이다.

외국인이 한국인의 '먹방'을 좋아하는 것은 ASMR 요소인 자극적인 소리를 통해 쾌감을 느끼게 하는 것이다. 식사하는 소리, 음식이 부드럽게 먹히는 소리, 물소리 등은 귀를 통해 전달되는 감각적인 자극을 제공한다. ASMR은 특히 외국인들 사이에서 인기가 있는데, 한국인 먹방은 이러한 ASMR 요소를 포함하고 있어 필자의 외국 학생들도 특별한 쾌감과 편안함을 주기 때문에 좋아한다.

또한 한국인의 '먹방'은 종종 음식에 대한 자세한 설명과 리뷰를 포함하고 있다. 음식의 맛, 특징, 조리 방법, 재료 등에 대한 정보를 제공하

---

* 과거 좋은 노래를 듣고 기분이 좋거나, 또는 정반대로 시끄러운 고음 노래 등 소리의 종류와 상관없이 듣고 소름이 돋아도 '귀르가즘'이라고 불렀다. 무언가 형언할 수는 없으나 기분 좋은 자극들이라는 개념으로 오래전부터 존재했다.

면서 '먹방'을 진행하는 것이 일반적이다. 서양에서 온 학생들은 유명한 '먹방' 방송인 영국남자라는 방송을 정말 좋아한다. 이 영국남자 유튜브 는 한국인 못지않게 한국을 사랑하는 영국인 '조쉬'와 '올리'가 음식을 중심으로 다양한 한국 문화를 체험하고 소개하는 프로그램으로 한국을 사랑하는 외국 학생들에게 인기가 많은 프로그램이다. 한번은 필자의 학 생들이 단체로 한국 라면을 끓여 먹고 온 적이 있는데, 수업 단체 카카오 톡 창에 학생 한 명이 한국 라면 '먹방'을 공유하면서 필자의 학생들이 한국 라면에 관심을 가지고 경험할 수 있는 기회가 되었다.

이 당시 필자의 학생들은 영국남자에서 만든 '라면송'을 부르며 한국 라면이 맛있다고 하는 것이다. 필자 역시도 라면송을 듣고 사실 조금 놀 랐다. 첫 번째로 놀란 이유는 영국남자에 나오는 외국인들이 한국어로 '라면송'을 직접 만들어 부르는 것이다. 또 놀란 부분은 한국어와 영어를 아주 조화롭게 잘 구성해서 노래를 부르는데 필자도 다 알지 못하는 참 깨라면, 짜파게티, 육개장 등과 같이 라면의 종류를 쭉 나열해서 노래를 부른다. 마지막으로 이들이 노래할 때, 제목으로 '라면은 신의 음식이다' 라고 말하는 마지막 가사가 나온다. 한국인으로서 생각하지 못한 '라면 송'을 직접 피아노 반주를 하며 부르는 모습을 통해 한국 문화를 잘 알 고 한국을 정말 사랑하는 것을 알 수 있었다.

라면송*

학교 끝나고(Back from school)

출출하네(Feel a little peckish) 어떡하지?(What to do?)

라면!!!

편의점에서(At the convenience store)

제일 잘 나가는(Best selling snack)

맛있어(Tastes so good)

라면!!!!

오늘 하루 난 뭘 하면서 보낼까?(What can get me through this working day?)

라면!!!!

뭔가 맛있는 게 필요해(Help me chase this hunger away)

라면!!!!

자장면이 땡기면(You want jajangmyeon)

짜파게티 좀 먹어봐(Have some japageti) 짜파게티(화음)

짜파게티 별로 맵지 않은(It's not a very spicy)

라면!!!!

불닭 볶음면(The fire chicken noodles)

왜 이렇게 매워(It's far too spicy) 너무 매워(화음)

그래도 맛있어(But oh go tasty) 맛있어요(화음)

라면!!!!

오늘 하루 난 뭘 하면서 보낼까?(What can get me through this working day?)

라면!!!!

뭔가 맛있는 게 필요해(Help me chase this hunger away)

---

* 영국남자 라면송. https://www.youtube.com/watch?v=Y7sUWmdwj4M.

라면!!!!

근데 내가 진짜 원하는 건 제대로 만든 냄비라면이야(But what I really like is

naembi ramyeon, properly done)

계란도 넣고(With an egg inside), 라면!

치즈도 넣고(Cheese when sliced), 라면!

김치랑 먹으면(And kimchi on the side), 참깨라면!

나한테 완벽하지(It's perfect for me)

오늘 하루 난 뭘 하면서 보낼까?(What can get me through this working day?)

참깨라면!!!!(반복), 신라면, 짜파게티, 짜파게티면, 불닭볶음면(반복 화음)

완벽한 간식입니다(THE PERFECT INSTANT SHACK!!)

신의 선물입니다(Such a gift to Mankind)

〈영국남자 유튜브 중 라면송 부르는 외국인들〉

출처: 영국남자 유튜브

영국남자의 라면송을 들어보면 외국인들에게 인기 있는 라면 이름은 모두 나온다. 그리고 이들은 컵누들(컵라면)이라고 부르며 외국인들의 절반은 컵라면을 정말 좋아하고 이러한 라면을 신의 음식이라고 칭한다.

하지만 이러한 라면 맛에 대해 부정적인 견해도 있다. 해물짬뽕맛 라면에 대해 국물이 생선 썩은 물 같다고 하거나, 음식이 썩었다고 하거나 병원에서 나오는 음식이냐고 물어보는 외국인들도 있었다. 이렇게 취향에 따라 해물맛 라면에 대해 다르게 이야기하지만 해물맛이 아닐 경우는 보통 라면을 좋아한다.

미국 펜실베이니아주립대 샘 리처드 교수(Sam Richards, 사회학)는 인종, 문화, 한류 강의로 유명한 세계적인 교수다. 샘 리처드 교수는 미국 펜실베이니아주립대에서 30여 년간 인종과 문화에 대한 연구와 강의로 명성을 얻어온 세계적 석학이다. 5년 전 "방탄소년단(BTS)을 주목하라. 앞으로 한류를 모르면 21세기 시장 경제에 살아남을 수 없다."며 한류의 중요성을 강조한 유튜브 영상이 화제가 되면서 대표적 한류 연구자로 유명해졌다.

그가 강의하는 'SOC119: Race, Ethnicity and Culture'는 인종, 성별, 문화 등을 다루는 미국 내 최대 규모의 강의로 매 학기 800여 명이 수강하는데, 이 강의는 유튜브에서도 함께 방영된다. 여기에서 샘 리처드 교수는 '먹방'에 대한 주제를 다룬다. 여기에서 그는 치킨, 소맥, 소주 먹방을 학생들에게 보여주었다.

이런 그의 수업에 대해 긍정적인 반응과 부정적인 반응이 공존하지만, 필자가 밀하고자 하는 바는 세계적으로 유명한 대학에서 한류를 소개하며 '먹방'을 강의할 만큼 한국 문화가 유명해진 것이다. 이런 그의 강의 영향으로 미국의 많은 대학생이 한국에 대해 알게 되었고 문화 이해와 호기심이 증가하였다. '먹방'은 음식을 먹는 과정을 실시간으로 방송하고 시청자와 소통하는 콘텐츠인 만큼 외국인들도 역시 이를 접하면서 한국의 식문화와 먹는 방식에 대한 흥미와 호기심을 가지게 된 것이다.

샘 리처드 교수 강의를 통해 '먹방'의 문화적 배경, 역사, 사회적 영향 등에 대한 이해도가 높아졌다고 볼 수 있다. 그의 강의를 통해 문화 교류와 상호 이해를 촉진시켰다. '먹방'은 한국의 음식 문화를 세계로 홍보하고 공유하는 역할을 하였다. 외국인들은 이를 통해 한국 음식에 대한 관심과 이해를 높일 수 있었다.

샘 리처드 교수의 강의와 함께 유튜브 채널을 통해 외국인들은 한국의 '먹방' 커뮤니티에 참여할 수 있었으며, 이를 통해 글로벌한 팬덤이 형성되었다. 외국 학생들은 한국 음식 관련 사이트와 한국 식당 관련 '맛집'을 소개 받고 싶어했고, 한국 식당 추천 사이트에도 활동하며 한국 음식에 관심을 가졌다.

그리고 '먹방'은 한국의 식당 및 음식 관련 산업에 직간접적인 영향을 미쳤다고 본다. 외국인들이 한국의 음식 문화에 더욱 관심을 갖게 되면서, 이는 한국 음식 관련 기업체 및 산업에 긍정적인 영향을 미쳤다. 한국인의 '먹방'은 이러한 다양한 이유로 인해 외국인들 사이에서 큰 인기를 얻고 있으며, 한국의 음식 문화와 다양성을 널리 알리는 역할을 하고 있다.

17

선생님은 개고기를 먹어요?

이번에는 외국인들이 한국인의 개고기 문화에 대해 어떻게 생각하는지 서술하고자 한다. 많은 외국 학생들을 만나면서 필자는 꼭 한 번씩 이러한 질문을 받는다. 그리고 이들이 개고기에 대해 어떻게 생각하는지 자연스럽게 알 수 있었다. 미디어에서 보이는 대세 의견은 한국의 개고기가 잘못된 것이라고 느끼게끔 한다. 그렇다면 외국인 유학생과 한국을 방문한 외국인 연수생들은 어떻게 생각할까? 사실 대부분의 외국인은 한국인의 개고기 식용 문화를 나쁘게 보지 않는다. 10명 중 2명 정도는 반대하기도 한다. 하지만 대부분의 외국인 학생들은 한국인의 개고기 식용에 대해 존중하고 반대하지 않는다. 그 이유는 이들은 다양한 문화를 존중하기 때문에 개고기 식용도 문화로 받아들이기 때문이다. 또한 이들은 동물들을 차등을 두든지, 어떤 고기는 되고 어떤 고기는 안 되는 것은 형평성에 어긋난다고 주장하였다. 이와 관련된 이유를 차근차근 한 가지씩 살펴보고자 한다. 미국에서 온 리한나 학생은 한국인들이 개고기를 먹는 것에 대해 이렇게 말했다.

> "개인적으로 개고기를 먹지 않겠지만 인도적으로 죽더라도 잘못된 것은 아니라고 생각해요. 제가 여러 종류의 고기를 먹는데 개고기를 먹는 사람들을 판단하는 것은 위선적이라고 생각해요."

개고기는 동의보감에도 인체에 이롭다고 명시되어 있다. '개고기가 오장을 편안하게 하고 혈맥을 조절해 장과 위를 튼튼하게 하는 등 기력을 증진시킨다'고 나와 있다.*

에티오피아에서 온 학생은 개고기에 대해 이렇게 말했다.

> "저는 개고기 먹는 것이 나쁜 일이 아닌 것 같습니다. 아프리카는 가축과 야생동물을 가장 많이 보유하고 있음에도 불구하고 반복되는 기근에 시달리고 있습니다. 사람들이 생존하기 위해 개고기든 소고기든 필요한 부분이라고 생각하는데 개를 살리기 위해 오히려 사람의 목숨을 내놓아야 할까요?"

아프리카 일부 국가에서 온 유학생들은 개고기에 대해 긍정적인 반응을 보였다. 그들은 개고기가 맛도 좋고 스테미너 음식으로서 역할을 해서 기력이 빠질 때 보양식이라고 할 만큼 이들에게 식문화로 자리 잡혀 있었다. 가나에서 온 대부분의 연수생은 개고기는 가나에서 즐겨 먹는 음식이라고 하였다. 특히 가나의 동부 위쪽 지방(in Upper East Region)과

---

* https://www.yna.co.kr/view/AKR20120806038300055.

서부 지역의 위쪽(in Upper West Region)에 사는 'Dagaati'라고 불리는 다가바 사람들(Dagaaba people)은 개고기를 좋아한다고 하였다. 그러면서 이 아프리카 연수생은 이와 관련된 사실을 입증하고자 하는 기사를 저자에게 보여주였다.

모잠비크에서 온 학생은 개고기에 대해 세계 어떤 곳에서는 개고기를 먹는 것이 정상적이고 이러한 것은 이 사람들의 신념과 일치하는 것이라고 하였다. 이 학생은 덧붙여 말하길 물론 반대로 개고기에 대해 인상을 찌푸리기도 한다고 하며 어떤 주제든 상반된 의견이 공존한다고 하였다. 그러면서 이 학생은 환경에 따라 올바른 것이 무엇인지 때때로 달라진다는 것이다. 이 학생은 한국인들에 대해 한국인들은 전체적으로 모험을 좋아하고 항상 훌륭한 일을 해내고 있다고 믿었다. 그러면서 이 학생은 이렇게 말하였다.

"저는 한국인들의 개고기 식용 문화를 지지하지만, 그것은 수용 가능한 방식으로 건강하게 이루어져야 합니다."

〈모잠비크 학생의 메시지 내용〉

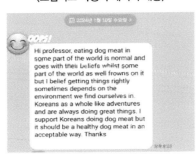

Hi professor, eating dog meat in some part of the world is normal and goes with their beliefs whilst some part of the world as well frowns on it but I belief getting things rightly sometimes depends on the environment we find ourselves in. Koreans as a whole like adventures and are always doing great things. I support Koreans doing dog meat but it should be a healthy dog meat in an acceptable way. Thanks

(개인정보보호법 준수)

이 학생은 한국인들이 하는 모든 일을 문화적으로 받아들이고 지지하였다. 개고기와 관련된 일도 지지하지만 '개고기 식용의 무조건적인 찬성' 또는 '개고기 식용의 무조건적인 반대'와 같은 극단적인 방법보다는 수용 가능한 선에서 규칙을 정해 개고기 문화를 유지해야 한다는 의미다.

지금 현재 미국 워싱턴에 살고 있는 저자의 학생인 리니아는 한국의 개고기 문화에 대해 이렇게 생각하였다.

> "선생님, 한국의 개고기 문화는 미국과는 다른 문화인 것 같아서 처음에 알게 되었을 때, 좀 충격적이었어요. 저는 개고기를 먹는 것이 별로 좋지 않다고 생각하지만 예전부터 한국에서 전해 내려오는 문화라고 생각해서 미국과는 다른 문화로 이해하고 존중해요. 제가 김치를 처음 먹었을 때 이해할 수 없는 맛이었지만 이 맛에 대해 노력해서 이해했던 것처럼요."

리니아는 미국과 다른 한국의 문화가 늘 놀랍다고 말하는 학생이었다. 하지만 자신의 나라 문화와 달라 늘 처음에는 충격이거나 놀랐다고 하였다. 하지만 이 학생은 다소 충격적이더라도 한국 문화의 일부로 생각해서 존중한다고 하였다. 그래서 이 학생은 이 문화를 없애 버리는 것보다는 어느 정도의 중간해결점을 찾아서 유지하는 것이 한국 문화를 보존할 수 있는 길일 수도 있다고 하였다. 이러한 문화적 이해의 관점에서 조금 더 덧붙여 설명하고자 한다. 종교적인 이유로 국가에서 특정 동물을 식용하는 것을 금기시하는 나라가 일부 존재한다. 이 국가 중에서 인도 상황과 관련하여 조금 더 살펴보고자 한다. 일반적으로 대부분의 사람은 인도에서는 소고기를 먹지 않는다고 생각한다. 사실 이 생각의 절반은 맞지만 일부는 틀리다. 왜냐하면 인도 사람들 모두가 소고기를 안 먹는 게 아니기 때문이다. 정확히는 인도인의 80%가 힌두교에서 그냥 소가 아닌 암소를 숭배하고 있기 때문에 암소를 먹지 않고 있다. 인도를 방문한 지인들의 이야기를 들어보면 인도에 있는 식당에서 소고기 메뉴를 볼 수 있다는 것이다. 이 메뉴는 암소가 아닌 물소 고기의 종류인 Buffalo이고, 이 소고기는 먹어도 되는 것이라고 한다. 이러한 의미는 소의 종류에 따라 금기시되는 기준이 있는 셈이다. 그렇다고 해서 인도의 모든 식당에서 물소 종류의 소고기를 판매하는 것은 아니다. 인도의 힌두교인들은 살생 자체를 부정적으로 여기기 때문에 특정한 소고기 판매 식당에서만 가능하다. 대부분의 인도인이 소고기를 금기시하였지만 인도 정부에서 소고기를 금기시하지 않은 덕분에 인도는 세계 최대의 소고기 수출국이 되었다.

한편 지금까지 외국인 학생들과 다르게, 한국인의 개고기 식용 문화에 대해 비판적으로 평가하고 반대하는 외국인 학생의 그룹도 있다. 우선 몽골에서 온 엥흐 자르갈 학생은 한국의 개고기 식용 문화를 반대한다. 이 학생의 주장을 듣기 전에는 필자는 다소 헷갈리기도 하였다. 왜냐하면 몽골 사람들은 육식을 좋아할 뿐만 아니라 염소고기, 양고기, 말고기, 닭고기, 소고기, 돼지고기 등 대부분의 고기 종류를 좋아하기 때문이다. 하지만 이 학생이 반대하는 이유를 듣고 어느 정도 이해가 되었고 몽골의 전통적인 배경과 관련하여 이 학생의 주장을 몽골의 문화석인 부분으로 이해하게 되었다. 이 학생은 어릴 때부터 개와 고양이를 가족처럼 생각하고 자랐다고 하였다. 이 학생은 몽골에서도 개고기를 먹는 사람은 있지만 자신의 주변 사람들은 개고기를 먹지 않는다고 하였다. 실제로 유목민족으로서 생활하는 몽골족은 개고기를 금기시하는 문화가 있다고 한다. 이들은 개가 유목민의 생활에서 노동력이 더 가치 있다고 생각하고 개고기는 먹을 부분이 거의 없다고 여기며 효율적인 방법을 선택한 것이다.

이 몽골 학생과 비슷한 의견을 가진 외국 학생은 캄보디아에서 온 림이라는 연수생이다. 이들은 다른 학교의 다른 강의를 들었지만 의견은 일치했다. 이 캄보디아 학생은 다음과 같이 말했다.

"개는 특별한 동물이에요. 사람들의 친구이죠. 누가 친구를 잡아먹나요?"

이 학생이 덧붙여 설명하기를, 사람과 교감하는 동물을 굳이 잡아먹을 필요는 없다고 하였다. 이 학생은 사람들이 잡아먹을 동물의 종류는 많이 있기 때문에 교감을 하지 못하는 동물을 먹으면 된다는 것이다. 이 학생이 이러한 주장을 하는 것은 캄보디아 사회문화와 관련이 있다. 캄보디아에서는 개고기를 먹는 사람에게는 불운이 닥치거나 명예가 훼손될 수 있다는 믿음 때문에 개고기를 먹지 않는 것이 일반적인 문화라고 한다. 실제로 이곳에서 개고기를 먹는 문화는 극히 소수다. 캄보디아에서 시엠립 지역을 중심으로 프놈펜에 개고기 유통이 활발하다고 한다. 이곳에서 개고기를 주로 찾는 사람들은 한국인, 중국인, 베트남 관광객인데, 이들의 수요를 맞춰주기 위해서 개와 고양이가 매년 최소 3,000만 마리가 도살된다는 것이다. 이러한 높은 수요로 인해 캄보디아 당국은 개고기 도축 거래 시에 법적 처벌을 시행한다고 한다. 캄보디아 당국은 허가 없이 개를 거래하거나 도축할 경우 약 210만 원 정도의 벌금에 처하고 두 번 위반할 시 약 300~450만 원을, 이후에도 법을 위반할 시 2년 이상~5년 이하의 징역과 약 300~1,500만 원의 벌금 처분을 내린다.[*]

이러한 사회문화적 배경으로 인해 이 학생은 한국의 개고기 식용 문화에 대해 반대하였던 것이다.

필자도 어린 시절부터 성인이 될 때까지 늘 애완견과 함께 살아왔다. 그래서 개고기를 찬성하는 사람들의 입장이 어떤 심정인지 잘 알고 있다. 또한 개고기를 반대하는 사람들의 입장의 논리도 모두 듣고 보면 맞는 말이다. 하지만 다른 예에서 해답을 찾아보면 어떨까 싶다. 예를 들어 애완용으로 금붕어를 키운다고 한다면 이 물고기를 키우는 사람은 모든 물고기를 먹지 않을까? 물론 먹지 않는 사람도 있을 것이지만 대부분은 금붕어와 일반 식용 물고기를 구분하여 인식한다. 이와 같은 방법으로 개고기 식용도 생각해 보면 어떨까 싶다. 이와 관련하여 무엇보다 좀 더 중도적으로 생각해 볼 문제는 한국인들의 대부분이 개고기 식용에 대해 반대하는 것이 아니라는 것이다. 일부는 찬성하고 일부는 반대하는 상황이라 생각한다. 개고기 식용에 대해 존중하는 입장의 외국인들은 이것을 한국 문화로 이해하고 있다. 필자도 이 학생들의 말에 어느 정도 공감하는 부분이 있다. 이러한 것을 문화로 보는 것이라면 한국에서 이 문화를 갑자기 없애 버리고 법으로 막아 버리는 것에 절반 이상의 외국인들은 더 충격적일지도 모른다. 이러한 상황을 특별히 여기고 한국인늘의 싱향

---

[*] 아시아투데이, "캄보디아, 개고기 도축 거래 시 법적 처벌", 2022.3.8.
     https://www.asiatoday.co.kr/view.php?key=20220308010004435.

과 근성에 대해 연구할 것이다. 국가의 정체성과 민족의 정체성의 중심 축이 되는 문화를 쉽게 버리거나 지우는 것이 쉽게 이해되는 것이 아니기 때문이다. 이러한 문화에 대해 외국인들은 한국에서 오래전부터 내려온 전통으로 이해하고 있지만 이 전통을 무조건적으로 막는다면 또 다른 오해가 발생될 것이 우려된다. 그래서 얼마 전 한국의 개고기 식용이 금지된다는 내용이 세계적으로 이슈가 되어 외국 언론매체들은 앞다투어 보도하였다. 이러한 기사를 낸 대부분의 외신은 이런 문제를 문화적인 단절로 보는 경우가 많아 오히려 더 충격적이라는 반응이 많았다.

〈가나 연수생이 보내준 개고기 문화의 붐(boom)〉

출처: 저자의 가나 학생(개인정보보호법 준수)

여기에서 또 다른 문제는 생존과 관련하여 이러한 업종에 종사하는 자영업자의 향후 생계문제다. 이들은 국가에서 여태 자신이 해왔던 일에 대해 법적으로 제지를 하고 틀리다고 한 적이 없었다. 이들 중엔 이러한 분야를 업으로 삼고 자신의 자녀들을 부양하고 가족의 생계를 책임졌을 것이다. 갑작스러운 개고기 식용에 대한 법적 제재는 이들에게 당혹스러운 일이지도 모른다. 따라서 개고기 식용에 대해 두 입장의 적절한 타협의 길은 개고기 식용의 무조건적인 반대보다는 서로의 입장에 대해 사전 타협을 하거나, 또는 어느 정도의 규정과 규율을 정해 최소한으로 유지하는 것도 좋은 방법일 성싶다.

제4부

희한스러운 한국

18

코에 침을 바르면
다리가 괜찮아져요?

외국인 학생이 한국 생활에서 어려워하는 것은 신발을 벗고 집으로 들어가서 좌식 생활을 하는 것이다. 아시아 쪽 외국 학생들은 대부분 문제없어하지만 서양에서 오는 학생들은 정말 난감해한다. 한번은 서양에서 온 니암이라는 학생이 필자에게 이런 말을 했다. "좌식으로 앉아 있기 너무 불편해요. 하지만 제가 좌식으로 앉는 걸 불편해하면 한국 친구들은 더 불편해할 거예요. 좌식으로 오래 앉을 수 있는 방법이 있다고 들었어요. 우리 친구는 다리가 저리면 코에 침을 바르라고 했어요."라고 하는 것이다. 순간 필자는 그 이야기를 듣고 웃음이 빵 터졌다. 그래서 필자는 니암에게 물어봤다.

필자: "그러면 혹시 코에 침을 발라봤어요? 효과가 있어요?"
니암: "네, 저는 코에 침을 발랐어요. 그런데 아니요. 다리가 더 저려요. 그래서 저는 알고 싶어요. 어떻게 하면 좌식으로 앉아도 다리가 안 저려요?"

참으로 난감한 질문이었다. 필자는 그때 자세를 자주 고쳐 앉으면 혈액순환에 도움이 되기는 하지만 그럴 경우는 정중히 예의를 갖춰 솔직하게 좌식이 불편하다고 말하고 다른 방법을 찾는 게 더 현명한 것이라고 일러주었다. 외국 학생들은 한국 문화의 세세한 부분에 대해 혼자서 고민을 많이 하는 편이다. 그 이유는 한국 사람들에게 실망시키고 싶지 않은 면도 있지만 한국 문화에 잘 적응하고 한국 문화를 사랑하는 모습을 보여주고 싶기 때문이다. 이 말의 뜻은 비록 외모는 외국인이지만 한국 사람만큼 문화를 알고 한국인과 같이 인정받기를 원하는 것이다. 외국 학생들이 한국 문화와 한국어 수업을 할 때, 가장 좋아하는 칭찬은 "한국 사람 같아요."라는 말의 이유를 이제는 알 것 같다.

〈한복을 입고 앉아 있는 외국 학생들〉

19

왜 한국 사람들은 등산복을 매일 입어요?
그들은 매일 산에 가요?

외국인들은 어디에서든지 일부분의 한국인들 모습을 보고 한국 문화를 판단하는 경향을 보이는데 이와 관련된 일화를 잠깐 이야기해 보고자 한다. 수업 시간에 한국 문화가 특이하다고 생각하는 것이 있다고 어떤 학생이 손을 들어 질문하였다. 그 학생은 이렇게 말하였다.

"왜 한국 아저씨들은 등산을 안 가는데 등산복을 입어요?"라고 질문하였다. 이 말은 일상생활에서 왜 중년 이상의 한국 사람들은 등산복을 입고 생활하는지 궁금하다는 것이다. 이 학생은 한국에 오기 전에도 국제공항에서 등산복을 입고 돌아다니는 사람들이 있어 자세히 보니 모두 다 한국 사람들이었다는 것이다. 그 이후 어디든지 등산복을 입은 사람들만 보면 '한국 사람들이구나.'라고 생각하게 되었고, '등산복=한국 사람'이라는 이론을 인식하게 되었다는 것이다. 그래서 그 이후, 한국 사람들을 잘 구분하게 되었다는 것이다. 이 학생의 말에 다른 외국 학생들도 고개를 끄덕이며 "정말 그렇다." "맞다, 나도 많이 봤다."라고 맞장구를

쳤다. 필자는 이 학생이 한국인에 대해 재미있는 발견을 하였다고 생각한다. 한국에 대해 깊은 관심이 있지 않으면 스쳐 지나 보냈을 특징인데 상당히 정확히 눈여겨본 것이라 할 수 있다.

필자는 이 학생들에게 한국의 70%가 산이라는 지형적인 특징으로 인해 한국인은 여가 시간에 등산을 즐기고, 이런 상황으로 인해 다양한 브랜드의 등산복이 한국에 많다는 것을 설명하였다. 또한 학생들에게 한국에서 등산복은 일상생활을 할 수 있도록 제작된 것도 있고 등산복 자체가 기능성이라 착용하게 되면 편안함을 느낄 수 있다고 설명해 주었다. 이런 설명을 하면 중년 나이의 외국인 학생들은 마트에 가서 등산복을 직접 사서 입어본다. 어떤 학생은 사이즈가 안 맞아서 등산복을 못 입고 눈으로 보고 만져만 봤지만 착용감이 있어 보여 장만하고 싶었다는 것이다.

또 한 학생은 "선생님, 저는 한복을 입었어요. 정말 예쁘고 좋았어요. 그런데 왜 한국 사람들은 한복을 안 입고 등산복을 입어요?"라고 하는 것이다. 이 학생의 말도 맞는 말이다. 사실 등산복보다는 한복의 역사가 길고 어쩌면 생활한복이 더 편할 수 있다. 하지만 많은 한국인이 한복을 입고 일상생활을 하는 것보다는 등산복을 입고 일상생활을 하는 경우가 많다. 특히 생활한복을 입고 공항에 가는 경우는 잘 없지 않은가. 외국 학생들도 한복이 있는데 왜 한국인들은 등산복을 입는지 궁금했을 것이다. 이렇게 외국 학생들은 한국인들에 대해 관심이 많다. 그래서 항상 이들은 한국인들을 눈여겨보고 한국인들조차 발견하지 못하는 것들을 찾아내곤 한다. 그리고 이들은 한국인들을 이해하기 위해 궁금한 한국 문화에 대해 끊임없이 질문하고 고민한다. 그리고 한국의 것들을 긍정적으로 받아들이고 이해하려고 노력한다.

20

"
한국 사람들은 왜 에티오피아 사람들보다
커피를 많이 마셔요?
"

학생들이 한국 음식 문화에서 놀라는 또 다른 부분은 비슷한 식당이나 카페가 많다는 것이다. 10년 전, 필자의 학생들은 한국에 치킨 가게가 왜 이렇게 많이 있느냐고 질문했다면, 3년 전쯤부터는 학생들이 많이 하는 질문이 한국에 커피숍이 왜 이렇게 많이 있느냐는 것이었다. 게다가 한국은 커피콩이 생산되는 나라도 아닌데 커피콩을 생산하는 나라보다 커피숍이 더 많다는 것이다.

필자는 사실 이런 이야기를 들었을 때, 웃음이 나왔다. 그 이유는 우리 주변에 커피숍이 너무 많아서 외국인들은 한국이 커피 생산국이라고 오해를 할 정도였기 때문이다. 한 학생은 한국 사람들은 추운 날에 왜 아이스아메리카노만 먹느냐고 질문하였다.

그리고 왜 다들 스타벅스에만 앉아 있느냐는 것이었다. 스타벅스에만 앉아 있는 것은 아니지만 한국 사람들이 스타벅스를 자주 이용하는 것은 사실이다. 심지어 미국에서 온 미국 학생은 한국에 있는 스타벅스가 미국보다 더 많은 것 같고 사람도 더 많은 것 같다며 깜짝 놀랐다고 한다. 더 신기한 것은 미국 학생들은 한국에서 스타벅스보다 한국 브랜드의 커피숍을 더 자주 이용한다는 것이다. 오히려 동아시아나 동남아시아에서 온 외국 학생들이 스타벅스가 한국 문화라고 생각해서 스타벅스커피를 자주 사 먹는 모습을 보였다.

한번은 에티오피아에서 온 의료인 연수생이 자신이 겪은 충격적인 한국 문화가 무엇인지 소개를 하였는데 한국의 커피 문화에 대해 이야기하였다. 그는 커피 생산국인 에티오피아보다 커피를 생산하지 않는 한국이 커피 소비량이 훨씬 많아서 놀랐다는 것이다. 그리고 에티오피아에서

〈외국 학생이 발표한 에티오피아 전통 커피와 한국 스타일 커피 비교〉

Pinterest
Ethiopian traditional dre...

How do people in Ethiopia drink coffee? - Quora   Visit >

는 커피를 전통식으로 다려서 소주잔으로 1~2잔 정도만 먹는데 한국에
서는 1리터 커피잔에 가득 담아서 도대체 하루 몇 잔을 먹는지 모르겠다
고 하였다. 그러면서 그는 한국인이 아침에 커피를 받아서 길거리에 들
고 다니는 모습은 마치 올림픽에서 트로피를 들고 자랑스럽게 걷는 운
동선수의 모습 같다고 하며, 이러한 한국인에 대해 '모닝 커피 세리머니
를 하는 한국인'이라고 말했다. 이와 같이 한국인들의 일상생활이 외국
인들에게 새롭게 다가올 수 있다.

〈외국 학생들이 한국인이 커피를 들고 다니는 모습을 'coffee ceremony"라고 부른다〉

---

* 저자의 대부분의 아프리카 학생들이 말하길 "한국인들은 아침마다 금메달 트로피를 수여한 것처
럼 'coffee ceremony'를 하면서 커피를 들고 다녀요. 그들은 커피를 든 자신의 모습에 엄청 만족
해하는 것같이 보여요."라고 말한다. 그래서 외국인들은 한국인들이 커피를 'To go' 하는 모습을
'coffee ceremony'라고 부른다. 한국인들의 이러한 행태를 한국인들만의 커피 의식이라고 여긴다.

21

"
저는 한국인스럽습니까?
"

외국인을 만났을 때, 우리는 자연스럽게 '외국인'이라는 레이블(Label)을 붙이기 쉽다. 그러나 이러한 고정관념은 상호 이해와 문화 교류에 방해가 된다. 대신 우리는 한국을 사랑하고 한국어를 배운 외국인을 옆집 이웃과 같이 생각해야 한다. 이렇게 생각하면 상호 간의 관계가 자연스럽고 돈독하게 되고 소통이 원활해져 서로에게 친근하게 다가가게 된다.

옆집 이웃으로 생각한다는 것은 서로의 문화와 언어에 대한 이해와 배려를 가지는 것을 의미한다. 우리가 옆집 이웃에게 보여주는 배려와 친절을 외국인에게도 보여주는 것은 매우 중요하다. 상호 간의 소통에서 생기는 오해와 어려움을 최소화하고, 서로를 이해하고 돕는 관계를 형성할 수 있다. 필자가 '한국인처럼 외국인을 대하라'는 것은 옆집 이웃과 같은 마음가짐을 가지는 게 서로에게 좋다는 말을 하고 싶어서다. 이런 제목을 붙이게 된 이유도 필자의 학생들이 한국 생활에서 보이는 모습에서 아이디어를 떠올려 쓰게 되었다. 필자의 외국 학생들 중에 한국에 와서 한국 홈스테이를 하는 학생들이 있었다. 이 학생들이 한국 가족들과 함께 지내는 것만으로도 정말 행복해하고 이들이 한국 사회 안에서 소속감을 가지게 되는 계기가 된다. 한국 가족과 사는 것 자체가 문화라고 여기며 그로써 한국인을 더 쉽게 이해하였는데, 그 이유는 한국인이 그들을 자연스럽게 대했기 때문이다.

그렇다면 외국인을 만날 경우 어떻게 대하면 좋을지 이야기하고자 한다. 앞서 이야기한 한국어 인사말과 공손한 표현은 좋은 예시가 된다.

또한 한국의 문화와 관습에 대해 외국인을 이해하도록 돕기 위해서 외국인들이 쉽고 재미있게 한국 문화와 관습을 배울 수 있는 곳을 소개해 주거나 영상이나 관련 앱을 소개해 주고 그에 따른 소감을 함께 이야기하거나 공유하면 도움이 된다. 필자는 학생들에게 한국어와 한국 문화 관련된 앱과 유튜브를 그 학생들 취향에 맞게 소개해 준다. 필자의 수업이 없을 때는 관련 앱과 관련 유튜브를 보고 혼자서 공부하는 데 도움이 되기 때문이다. 필자가 앱을 한 곳 알려주면 학생들은 이 앱을 연계해서 더 많은 다양한 앱을 쉽게 찾아 활용도 하고 자주 이용하여 한국어나 한국 문화 학습에 많은 도움이 되는 것을 느꼈다.

또한 한국의 전통적인 음식이나 의상, 예술, 축제 등을 소개해 주면 외국인들은 무조건 가보려 한다. 그리고 한국인에게도 이런 외국인과 함께 하는 체험에 가보길 권하고 싶다. 그곳에 가면 외국인들과 함께 체험하며 다양한 주제의 이야기를 나눌 수 있는데, 이 대화를 통해 한국인도 다양한 문화를 배우기 때문이다.

예를 들면 학생들에게 김치 만들기를 체험하러 한국에 있는 문화원에 가보기를 추천한 적이 있었다. 한국 음식과 관련된 수업을 하다가 학생들에게 우연히 추천한 곳이었는데, 그다음 주 수업 때, 학생들 전부가 그 곳을 다녀왔다는 소리를 듣고 너무 높은 참여도에 깜짝 놀란 적이 있었 다. 그리고 한국 동호회에 가입해 보라고 하니 학생들이 그다음 날 각자 조깅 동호회, 배구 동호회, 봉춤 동호회 등 다양하게 가입하여 재미있게 활동하는 모습을 볼 수 있었다. 이런 외국 학생들의 참여는 한국인에게 도 긍정적인 자극이 되고, 서로의 문화도 공유하고 언어 교류도 하는 시 너지 효과도 낳았다.

무엇보다도 외국인들에게 한국의 문화와 관습을 이해하지 못하는 경 우에는 상황을 설명하고 문화적인 차이를 이해시켜 주면 좋다. 예를 들 어, 한국의 식사 예절이나 관광지에서의 행동 규칙을 알려주고 설명해 줌으로써 오해나 불편한 상황을 방지할 수 있다. 외국인들은 한국 식사 예절에 대해 오해하는 경우가 많다.

우선 필자의 경험으로 보면 한국의 공유식사 문화를 외국인들이 처음 접하게 되면 당황하는 경우가 있다. 한국인의 경우 음식을 덜어 먹어도 되고 상황에 따라 그냥 잘 나눠 먹으면 된다고 생각하지만, 외국인의 입 장에서는 이런 부분이 어렵다는 것이다. 만약 함께 공유하지 않고 혼자 덜어 먹게 되면 한국인이 상처받을까 봐 걱정스러워서, 외국인의 경우 보통 한국인의 결단과 지시를 기다리며 함께 식사하는 경우가 많다. 그 럴 땐, 한국인 먼저 덜어 먹을 수 있는 접시를 준다든가, 불편한 점이나 원하는 방식의 식사 문화가 있다면 이야기하라고 먼저 제안해 주면 외 국인들에게 도움이 된다.

다음으로는 젓가락을 사용하느냐 포크를 사용하느냐의 식기 문제이 다. 외국인의 경우 '한국인스러워'지고 싶어 하여 자기가 직접 젓가락질을 하는 모습을 한국인들에게 보여주고 이들에게 인정받고 싶어 하는 경향이 있다. 따라서 외국인은 불편하더라도 서툰 젓가락질을 하며 한국 문화를 배워 나가고 싶어 한다.

이럴 때, 한국인이 진심 어린 칭찬과 응원을 해준다면 외국인의 젓가락질은 급속도로 성장할 것이라 확신한다. 여기서 젓가락질을 보고 웃으면 안 된다. 그 이유는 이들이 자신의 젓가락질에 대해 피에로 보듯이 웃음거리로 본다고 오해할 수 있기 때문이다. 필자가 많은 사람들에게 추천하고 싶은 것은 외국인들이 젓가락질을 하면 진심으로 칭찬과 기쁨을 전달하고 감사함을 가지는 것이다. 그리고 가끔 한국인들 중에 너무 외국인들을 배려한답시고 젓가락을 사용하고 싶은 외국인들에게 불편하면 포크를 사용하라고 권장하는 경우가 있다. 이럴 때는 외국인들의 의견을 존중하여 서툴지만 젓가락을 사용하는 외국인의 결정을 지지하고 인정하는 것이 좋다.

관광지를 방문할 때 주의사항을 외국 친구들에게 먼저 일러주는 것이 좋다. 사찰, 신당, 궁궐을 방문할 때는 격식 있는 복장이 요구되는 장소가 있기 때문이다. 특히 다른 사람들이 숭배나 기도를 하는 곳에서는 적절한 의복 예의를 지키라고 이야기하는 것이 좋다. 한번은 필자의 제자가 조계종 계열의 절에 방문하고 싶다며 문화체험 겸 견학을 요청하였다. 필자는 제자에게 장소, 시간만 처음에 알려주고 그 외 사항에 대해서는 이야기하지 않았다.

약속된 장소에 도착한 필자는 멀리서 걸어오는 제자를 보고 놀라지 않을 수 없었다. 브라 톱에 짧은 치마를 입고 걸어오는데 그 학생의 양팔과 양다리의 문신이 더 도드라지게 보였다. 순간 필자의 실수를 잘 알게 되었다. 학생에게 관광지의 주의사항을 전달하지 않았던 것이다. 학생의 옷차림 그대로 절에 방문한다면 스님들께서 정말 놀라실 것 같아, 필자의 재킷을 입으라고 빌려줬던 기억이 난다. 이렇게 자국의 문화 외에 다른 나라 문화를 잘 알 수는 없기에 누군가는 꼭 전달해 줘야 하며 한국인 누구나 그런 전달자가 되어 보면 어떨까 싶다.

또 다른 외국인에게 꼭 전달해야 하는 사항은 쓰레기 버리기와 분리수거이다. 한국을 방문한 99.9%의 외국인은 한국이 정말 깨끗하다고 놀란다. 그리고 길거리에 왜 쓰레기통이 없느냐고 정말 궁금해한다. 사실 쓰레기통이 많지 않지만 있기는 있는데 말이다.

필자는 쓰레기통이 길거리에 있다는 설명을 아주 길고 장황하게 한 적이 있는데, 그때마다 외국인들은 쓰레기통이 길거리에 많지 않다며 쓰레기를 버리라는 건지 버리지 말라는 건지 모르겠다고 하였다. 외국인들이 더 궁금해하는 것은 길거리에 쓰레기통이 잘 없는데, 한국인은 왜 길에 쓰레기를 버리지 않느냐는 것이다. 외국인은 자신의 고향에서 쓰레기통이 없다면 벌써 길거리는 쓰레기밭이 되어 있을 것이라고 한국의 깨끗한 길거리에 감탄하고 놀라워했다.

그리고 더 신기한 것은 한국을 방문한 외국인들 중에는 분리수거를 할 줄 모르는 경우가 많다. 왜냐하면 자신의 고향에서는 분리수거 시스템이 없거니와 분리수거에 대한 교육을 받지 않았기 때문이다. 그래서 한국학 강의에서 수행과제로 '한국에서 자신이 겪은 가장 충격적인 한국 문화 소개하기'를 외국인 학생들에게 내어주면 많은 학생이 한국의 쓰레기 종량제와 쓰레기 분리수거 시스템을 조사해서 발표하고 싶다고 언급한다. 그리고 이들은 한국의 쓰레기 관리 시스템이 정말 대단하게 잘 만들어졌다고 칭찬하고, 자신의 국가에도 이러한 시스템을 배워서 도입했으면 좋겠다고 이야기한다.

한번은 외국인 대상 펠로십(fellowship)을 담당하는 연구원과 이런 부분에 대해 이야기를 한 적이 있다. 그 연구원의 이야기는 한국에서 실시하는 펠로십 첫날 외국인을 위해 오티(Orientation)를 하는데 쓰레기 분리수거에 대한 오티(OT)를 하게 된다는 것이다. 그 이유는 간혹 다른 나라에 이런 분리수거 문화가 없기 때문이라는 것인데, 한국인 누구나 이런 사항을 알고 그들을 도와줬으면 한다. 외국인이 쓰레기를 아무 곳에서나 버리는 것은 한국을 만만하게 봐서도 우습게 봐서도 아니라 외국인 고향에서부터 비롯된 것이니 그들에게 잘 설명해 주면 된다.

쓰레기와 관련된 또 다른 에피소드가 떠오르는데, 필자는 보통 학교의 청소 아주머니와 잘 지내는 편이라 청소 아주머니들과 가끔씩 자잘한 이야기들을 주고받는다. 한번은 청소 여사님이 화가 많이 난 표정을 지으며 외국인 학생들조차 자신을 무시하는 건지 기분이 나쁘다는 것이다. 필자는 무슨 일인지 안 여쭤볼 수 없었고 그렇게 대화는 시작되었는데, 청소 여사님의 말씀은 이러했다.

외국인 학생들이 아무렇게나 휴지를 버려서 한국인 학생들 강의실보다 더 신경을 써가며 청소해야 하고, 쓰레기통도 외국인 학생들은 분리수거를 잘 안 해 놔서 자신의 일이 두 배, 세 배로 늘었다는 것이다. 청소 여사님 입장에서는 충분히 짜증이 나는 상황일 수 있을 것 같아서 필자는 그때부터 강의 시작 전후로 5분 정도 시간을 내어서 한국의 청소와 쓰레기 분리수거 문화에 대해 설명하였고, 직접 시연하는 모습도 보여주었다. 그렇게 한 달 정도 시간이 흐르면서 학생들은 습관적으로 쓰레기를 잘 버리고 잘 치우게 되었다.

　무엇이든지 잘 몰라서 문제가 되는 것이지 한국 문화에 대해 알게 되면 대부분의 학생은 한국 문화에 맞게 잘 지켜 나가려 노력한다. 외국인 학생들은 이렇게 자신이 한국 문화를 잘 몰라 한국인을 기분 나쁘게 하거나 법에 어긋나는 행동을 하는 건 아닌지 많이 움츠려 있다. 한국을 방문한 외국인들의 공통점은 한국을 좋아하고 관심이 많다는 의미이기도 하기에, 이런 외국인들에게 한국인으로서 한국에 대해 잘 소개하고 설명해 주는 것이 중요하다. 외국인들이 관심을 가지고 그들의 한국 문화와 경험에 대해 질문할 때, 알맞은 눈높이로 이해할 수 있도록 설명하면 오래도록 그들은 기억할 수 있다.

22

> ## 선생님, 한국 사람에게 인사할 때,
> ## '안녕하세요'를 먼저 말해요? 허리를 먼저 굽혀요?

한국을 사랑하는 외국인 누구나 한국의 기본 인사말 '안녕하세요'를 알고 있다. 요즘은 한류로 인해 '안녕하세요'보다 더 어려운 '오빠, 사랑해요'와 같은 감정적인 표현도 한국어로 능수능란하게 아주 잘하는 외국인들이 많다. 무엇보다 외국인이 한국에 올 때는 보통 그냥 오는 법은 없다.

한국 여행이나 방문 시, 물품이나 여러 가지 준비사항이 있겠지만 한국을 방문하는 외국인들 중에는 간단한 한국어를 미리 공부하기도 한다. 한국어를 공부하는 이유는 한국 일상생활에서 한국인과의 소통을 꿈꾸기도 하고 도움이 된다는 것을 알고 있기 때문이다. 또한 한국 방문을 계획 중인 대부분의 외국인은 한국의 문화와 관습에 대해 사전에 조사하고 온다.

예를 들어 필자의 학생들은 한국에 오기 전에 적당한 한국어 인사말과 함께 태도까지 연습한다고 한다. 이와 관련된 정보는 다양한 앱에서 지원해 주고 있기 때문에 어렵지 않게 미리 배우고 준비한다. 필자의 학생들 사이에서 인기 있는 앱은 Duolingo, Memrise, HelloTalk, Eggbun, LingoDeer 등이 있다.

특히 필자의 학생들은 한국에 오기 전에 K-드라마를 EBS 교육방송 보듯이 정말 열심히 꼼꼼하게 보고 메모까지 하는데, 필자를 만나면 이런 메모를 보여주고 궁금한 것은 질문하기도 한다. 보통 외국인들은 드라마를 보고 한국어를 공부하고, 드라마에서처럼 한국 사람들이 외국인에게 말을 걸어줄 것이라고 기대한다. 마치 BTS 아이돌 그룹의 외모나 한국 드라마에 나오는 남자 주인공과 같은 외모가 한국 남자들의 평균 외모라고 외국인들이 오해하는 경우가 많은데 이와 같다고 보면 된다.

그래서인지 외국인들은 한국 드라마를 정말 열심히 본다. 한번은 중국 학생이 대장금 드라마를 열심히 보고 사극에서만 쓸 법한 말을 쓴 적이 있다. 예를 들면 '맞아요', '네'와 같은 간단한 긍정의 대답을 '그러하옵니다'로 대답을 하여 필자를 놀라게 만든 적이 있다. 필자는 이 학생에게 현대 한국어와 과거 한국어가 왜 다른지, 어떻게 다른지, 어떻게 변화하였는지를 모두 설명해 준 적이 있다. 한국인이 들어도 복잡한 언어 역사를 외국인이 이해하기란 쉽지 않은 일이지만 그들은 한국에 대한 사랑과 존중으로 그 모든 어려운 일을 받아들이려 노력한다.

'안녕하세요' 인사말 이외에도 한국인이 일상생활에서 우연히 지나가던 길에 지인을 만나면 말하는 '어디 가세요?'라는 간단한 인사말은 외국인에게 엄청난 오해를 일으키기도 한다. 한국인이라면 "안녕하세요? 어디 가세요?"라고 상대가 말한다면 반갑게 받아들이며 "네, 안녕하세요."로 자연스럽게 인사를 이어받고 헤어지면 인사가 마무리된다. 하지만 외국인에게는 이런 인사가 아주 부담스럽고 개인정보 요청으로 오해하는 경우가 있다.

한번은 북미권 학생이 이와 관련된 질문을 한 적이 있다. "어디 가세요?"라는 인사는 어떤 사람에게 보통 하느냐는 것이다. 그리고 이 "어디 가세요?"라는 말은 자신의 집주인 아주머니가 자신을 감시하는 행동이 아니냐는 질문이었다. 필자의 생각은 다 큰 학생을 감시하는 것으로 "어디 가? 좋은 하루 보내."라고 집주인 아주머니가 이야기하지 않았을 것이라 생각하였고, 그 학생에게 "어디 가세요?"라는 인사에 대해 오해를 풀기 위해 설명한 적이 있었다. 그 학생은 그 이후부터 그 의미를 알고 다른 학생들에게 "안녕, 어디 가? 좋은 하루 보내."라고 인사하는 경향을 보였다. 이렇게 외국인에게 작은 인사를 알려주고 먼저 인사한다면 그 자체가 그들에게 한국어 수업이 되고 한국 문화를 배우는 계기가 된다.

외국인은 한국에 올 때, '안녕하세요' 인사와 함께 어른을 공경해야 하는 한국 사회를 공부해서 온다. 그래서 '안녕하세요'라고 인사할 때, 얼마나 허리를 굽혀서 한국인에게 인사해야 하는지가 그들의 숙제이다. 사실 요즘 학생들은 허리 굽혀 인사를 잘 하지 않는다.

하지만 외국인 입장에서 허리 굽혀 인사하는 것을 잘하고 싶어 한다. 그래서인지 한국 어른들에게 인사하는 법을 어려워하는데 한번은 외국인 학생이 필자에게 이런 질문을 한 적이 있었다. "선생님, 어른들에게 인사할 때, '안녕하세요'를 먼저 말해요? 허리를 먼저 굽혀요?" 그러면서 하는 말이 "그리고 지나가다가 어른을 만나서 '안녕하세요' 하고 허리를 굽혀 인사하려고 할 때, 그 어른은 빨리 갔어요."라고 하며 그럴 땐 어떻게 해야 하느냐는 것이다. 외국인들에게 이러한 부분은 상당히 헷갈리고 어려운 부분이다. 혹시나 자신의 실수로 한국인들의 기분을 상하게 하고 싶지 않기 때문이다. 외국인 학생들은 허리를 먼저 굽히는 것이 맞는다고 주장하는 팀과 먼저 안녕하세요를 말해야 한다고 주장하는 팀, 그리고 허리를 굽히는 것과 동시에 안녕하세요를 말해야 한다고 주장하는 팀으로 나뉘어 100분 토론회와 같은 무거운 분위기로 심각하게 논쟁을 하기도 하였다.

사실 필자는 익숙한 한국 문화 속에서 필자의 학생이 생각하는 '안녕하세요' 인사 예절에 대해 그렇게까지 깊게 생각한 적이 없었는데, 이 학생은 '안녕하세요'라는 인사로 논문을 쓸 정도로 깊게 생각하고 연구하고 있었다. 필자는 그 학생에게 모든 순간 90도로 허리를 굽혀 '안녕하세요'라고 할 필요가 없고 상황에 따라 적절하게 인사하면 된다고 이야기해 주었다. 이렇게 외국인의 입장에서는 모든 것이 조심스러운데, 이런 상황에서 한국인 누구든지 먼저 손을 내밀 듯, "안녕하세요."라고 인사한다면 그들에게는 평생 잊지 못할 추억으로 남을 것이다.

실제로 외국인 학생들이 한국인들의 선행과 관심 그리고 먼저 인사를 해주는 친절함을 잊지 못하고 수업 시간에 이야기하는 경우가 많다. 그럴 땐, 학생들은 어린아이처럼 자랑하듯이 한국인이 자기에게 인사했다고 말한다. 필자는 학생들에게 한국분이 인사했을 때, 기분이 어떠했느냐고 묻자 필자의 학생은 정말 놀라고 기뻤다고 하며 한국어 공부를 더 열심히 해서 한국 친구들을 많이 만들고 싶다고 대답하였다. 또한 이런 경험으로 인해 한국 문화에 대해 더 많이 공부하고 싶어 하는 동기를 부여하게 된다.

외국인이 한국어를 사용하여 한국인과 소통할 때, 한국인이 그 한국어를 알아들었다는 사실은 외국인에게 소속감, 기쁨 및 성취감을 제공한다. 이런 감정은 언어적인 소통을 통해 일상적인 대화, 문화 이해, 친밀감을 형성하는 경험을 할 수 있게 해주고, 한국 사회와 문화에 더 깊이 관여할 수 있는 기회를 제공해 준다. 그리고 언어와 문화는 서로 긴밀한 관련이 있는데, 외국인이 한국어를 통해 한국인과 소통할 때, 한국어를 이해하고 사용함으로써 한국 문화에 대한 이해도가 증가한다.

또한 이는 외국인이 한국에 대한 소속감을 느끼는 데 도움을 준다. 그리고 한국어를 학습하고 사용하는 과정은 외국인에게 자기 계발과 성장의 기회를 제공한다. 언어를 습득하고 사용하는 것은 어려움과 도전을 동반하지만, 그 노력과 결과에 대한 성취감을 느낄 수 있는 장점이 있다. 고로 외국인은 한국어를 사용하여 한국인과 소통할 때, 자신의 언어 능력의 발전을 인지하고 성취감을 느낄 수 있다. 한번은 외국인 학생이 필자에게 정중하게 부탁을 해왔다. 이 학생은 한국어를 잘해서 한국인과 소통하고 싶어 하였다. 그런데 한국어 책으로 공부하려 하니 한국어를 읽을 때, 어렵고 헷갈린다는 것이다. 이 학생은 한국어 책에 문장이 영어 발음기호로 되어 있지 않아서 외국 학생들이 한국어 학습에 불편함을 겪게 된다는 것이다. 이 학생이 말하길 한국어를 무척 많이 배우고 싶어 하는 외국인이어도 발음기호를 한국어 문장 아래 표기하지 않으면 흥미가 떨어진다는 것이다. 그래서 필자는 이 외국 학생들이 한국어 학습에서 불편하지 않도록 이들의 니즈를 충족한 한국어 학습서도 구상 중이다.

한국인이 외국인이 사용하는 한국어를 이해한다는 것은 외국인의 노력과 학습에 대한 인정과 수용을 의미한다. 이는 외국인에게 긍정적인 피드백과 성취감을 제공할 수 있으며, 이로 인해 소속감과 기쁨을 누릴 수 있다. 따라서 한국인은 외국인에게 인내심과 이해, 격려와 긍정적인 피드백, 자연스러운 대화 환경 조성, 문화적 이해와 존중, 배려와 도움을 제공하는 태도를 취하면 좋다. 외국인이 한국어를 사용하여 발음이나 문법에서 어려움을 겪을 수 있는 부분을 한국인이 이해하고 인내심을 가지며 외국인의 한국어 실력을 향상시키는 데 도움이 될 수 있다.

그리고 격려와 긍정적인 피드백은 어색한 한국어를 사용하는 외국인에게 그들의 노력을 인정하고 지지하는 효과를 낼 수 있다. 또한 외국인과 자연스러운 대화 환경을 조성하고 언어적인 오해를 최소화하고 외국인이 자신감을 가지고 표현할 수 있는 기회를 제공하기 위해 명확하게 대화하고 이해하는 태도가 필요하다. 무엇보다 중요한 것은 문화적인 차이에 대한 이해와 존중, 상호 문화 간의 소통을 위해 노력하는 것이다.

하지만 외국인이 한국어를 할 때 발음과 억양 등 어색한 부분에 대해 가르치려는 마음을 보인다면 외국인은 부담스러워한다. 일상생활에서 외국인이 한국인들에게 어려움이나 도움이 필요한 경우, 한국인은 외국인이 끝까지 발화할 때까지 기다리는 인내심과 배려심을 가지고 돕는 태도가 중요하다. 이런 한국인의 태도는 외국인에게 긍정적인 효과를 가져다주며 나아가 한국 위상과 미래에 도움이 되리라 생각한다.

23

한국 문화를 알면 알수록
더 알고 싶어져요.

전통적인 장소를 떠올려보자. 서울 시내에 5개 궁궐, 민속촌, 한옥마을 등이 있다. 그곳에 누가 있는지 생각해 보면 대부분이 외국인이다. 한국인보다 외국인이 그곳에 더 많은 것을 알 수 있는데 그런 장면을 계기로 필자는 고민하게 되었고 실제로 필자의 외국 학생들은 정말 한국 문화를 많이 배우고 싶어 한다. 고로, 많은 외국인이 한국 문화를 한국 사람보다 더 많이 배우고 무엇이든지 알고 싶어 한다는 것을 이야기해 보고자 한다.

한국에 온 외국인들 대부분의 일상은 아주 바쁘다. 왜냐하면 다양한 한국 문화를 접하면서 많은 한국 문화에 대해 배우고 알기를 원하기 때문이다. 그들은 전국 방방곡곡을 돌아다니며 한국 문화를 접하는 특성을 보이기에 필자가 모르는 지역의 문화도 알려줄 때가 있다. 예를 들면 필자의 제자 한 명은 군산을 다녀왔다며 군산에는 아구찜과 짬뽕이 유명하다고 하면서 사진을 보여주었다. 게다가 군산에 아주 유명한 빵집이 있는데 그곳에서 필자를 위해 빵 1개를 사가지고 온 적도 있었다. 필자도 그 유명한 빵집은 알고 있었지만 백화점에 입점 되어 있던 빵집이라, 한 번도 그 빵집의 본점을 방문해 본 적이 없다. 그런데 그 학생은 그 유명한 군산의 빵집을 직접 가서 보고 한국 지역마다의 빵 문화를 알아가고 있었다. 이 학생은 한국 빵 맛을 알아가더니 파티시에가 되고 싶다고 어느 날 이야기하였다. 자신이 한국에서 한국식 빵 만들기를 배워 베트남에 한국과 한국 빵 기술을 제휴하고 자매결연을 맺어 한국 제과점을 베트남 여러 곳에 운영하고 싶다는 것이다. 이렇게 학생들은 분야별로 중요한 곳은 무조건 찾아서 알아보는 경향을 보인다.

또 다른 필자의 학생은 평택을 다녀왔다면서 미군기지촌 근처의 문화에 대해 알고 싶어 갔다는 것이다. 그 학생은 미군기지촌에 대한 분야별 문화를 조사해 왔고 이 조사한 내용을 바탕으로 자신의 국가와 한국의 발전 방향성에 대해 고민하는 모습도 보였다. 또 어떤 학생은 '태화강'이라는 곳을 궁금해하며 울산까지 다녀온 이야기를 하였다. 필자는 학생들에게 한강에 대해 많이 이야기한 적이 있었지만 태화강에 대해 설명한 적이 없었다.

하지만 이 학생은 태화강이 얼마나 중요한지 알게 되어 꼭 방문하고 싶었다는 것이다. 필자는 이 학생 덕분에 태화강이 얼마나 감동적인 하천인지 알게 되었다. 태화강에는 700여 종의 다양한 멸종위기 동물들이 서식하고 있고 1급 하천에서만 서식하는 연어와 은어가 살 정도로 수질이 우수하다. 이렇게 태화강은 울산 지역민들이 열심히 노력하여 만들어진 수질 높은 강이었고 많은 의미를 담고 있다는 것을 외국인 학생은 마음 깊이 새기고 있었다.

가장 인상 깊었던 또 다른 에피소드는 한국 문화를 더 한국인처럼 배우고 알고 싶어 해서 꼭 한복을 입어본다는 것이다. 한국인이 1년에 한복을 몇 번 입는가. 설날과 추석날에도 요즘은 잘 입지 않는 경우가 많다. 그런데 이들은 한복을 입어보고, 기념품으로 한복을 구매하여 소장하기도 한다.

정말 한국을 많이 사랑하는 외국인이 많다는 것을 경복궁 앞에 가서 보고 깨닫게 되었다. 그곳에는 한복을 입은 한국인보다 한복을 입은 외국인이 더 많다. 아니 한복을 입은 대부분의 사람이 외국인이다. 그들은 한국의 미에 빠져들어 쉽게 헤어 나오지 못한다. 그들은 한복 입은 사진을 찍고 SNS에 올리면서 많은 사람에게 공유하고 한복의 미를 세계에 알린다. 한국인이 이렇게 한복을 입고 홍보한 적이 있는가. 쉽지 않은 일이다. 이렇게 외국인들은 더 한국스러운 것들을 찾아 경험하려 한다.

외국인이 한국 문화를 더 잘 알고 싶어 하는 가장 궁극적인 이유는 한국인과 더 가까워지고 싶기 때문이다. 필자의 학생들은 한국인과의 교류를 최대한 많이 하고 친밀한 관계를 형성하여, 상호 이해와 문화적인 연결을 강화하고 싶어 한다. 하지만 그들의 생각과 다르게 한국인과 친하게 지내는 게 어렵다.

그 이유는 외국인은 의외로 부끄러움을 많이 타서 한국인과 친해지고 싶어도 표현하지 않고 관심 없는 척 행동하는데 이런 상황은 한국인과 외국인 사이에 오해를 불러일으키며 큰 갈등을 유발하기도 한다. 한번은 필자가 길을 가고 있는데 필자의 외국 학생들을 우연히 만났다. 필자는 너무 반가워 인사를 하니 필자의 학생들이 부끄러워 어쩔 줄 몰라 했다. 그래서 필자는 학생들에게 괜찮으냐고 말을 건네니, 너무 부끄러워서 그런다는 것이다.

순간 필자가 걱정되는 것은 그 학생 중 몇 명은 식당에서 아르바이트를 하는데 이런 식이면 한국인에게 오해 사기가 딱 좋을 것 같아, 아르바이트에서도 이렇게 하느냐고 물어보았다. 그 학생은 부끄러움이 많은 성격 탓에 자신감은 없지만 인사를 안 할 수 없어 그냥 용기를 내어 다른 사람들에게 인사를 한다고 했다. 아마 그냥 한다는 것은 무표정으로 하는 둥 마는 둥 하는 모습으로 다른 사람들에게 보일 것이다.

필자는 그런 학생들이 걱정되어서 아르바이트 사장님과 손님들이 오해하지 않게 자신감 있게 인사를 하라고 이야기해 주었다. 부끄러워서 인사를 안 하면 손님은 불친절하다고 생각할 수 있고 사장님은 존경받지 못한다고 생각할 수 있어 서로 간에 오해가 생기게 된다고 하였다. 그러자 그중 한 학생이 자신의 식당 사장님이 자신을 싫어한다는 것이다.

그도 그럴 것이 인사를 안 하니 가능한 말이었다. 그래서 필자는 학생에게 오늘부터 사장님께 인사를 잘하면 사장님이 달라질 것이라고 일러두었다. 이 대화를 한 일주일 후, 그 학생이 필자를 찾아와서 사장님이 그 학생에게 "인사 잘해서 이제 마음에 든다."라고 하였다는 것이다. 이런 에피소드에서도 볼 수 있듯이 외국 학생은 한국 문화를, 한국인은 외국 문화와 배경을 이해하면 오해를 줄일 수 있다.

또한 한국인과 외국인이 친구 사이로 발전할 수 있는 안정적인 프로그램이나 제도가 대중적으로 확산되어 있지 않다. 따라서 이와 관련된 사항이 밑받침되어 한국인과 외국인의 자연스러운 관계가 형성된다면 그들 간의 문화 오해의 간격 차이를 줄일 수 있다고 본다. 필자가 가르쳐 온 많은 외국 학생들은 진심으로 한국인 친구를 만들고 싶어 하는데, 현실적으로 방법을 잘 몰라 같은 국가의 친구들끼리 지내게 되는 경우가 많다. 하지만 그들 마음속에는 언제나 한국인 친구를 만들고 싶어 한다.

필자의 외국 학생들은 한국 문화를 잘 몰라서 한국인에게 피해를 주거나, 또는 외국인 자신이 법적으로 문제를 일으키지는 않을까 고민하는 경우가 많다. 외국 학생들이 한국에 와서 한국 법을 모두 숙지하는 것은 쉬운 일이 아니지만 기본적인 법과 문화를 제공한다면 많은 도움이 되리라 생각된다. 또한 이와 관련된 프로그램을 마련하여 시행한다면 많은 외국인들과 한국인들에게 도움이 될 것이라 생각한다.

실제로 한국 법을 제대로 인식하지 못하거나 오해하는 경우가 발생하여 벌금을 내거나 고향으로 돌아가야 하는 필자의 학생들이 있었다. 한번은 학생이 한국에 온 지 한 달 되어서 친구가 "하루짜리 택배 아르바이트를 하러 잠깐 다녀오자."라는 말에 아무 생각 없이 따라가서 아르바이트를 하다가 법에 어긋나 처벌을 받은 경우가 있었다. 그 학생은 자국으로 돌아가야 하느냐고 밤낮을 울면서 불안해하던 기억이 난다. 외국 학생들이 정말 잘 모르고 미약하게 법을 어길 시, 무조건적인 처벌보다는 교육 관련 프로그램이 보조 된다면 더 좋은 효과를 발휘할 수 있을 것이라 생각된다.

물론 범죄를 저지르는 학생의 경우는 강한 처벌이 필요하다고 생각한다. 필자 학생들의 경우 큰 범죄에 관련된 일은 없었지만 필자 지인의 학생 중 한 명이 한국에서 같은 고향의 사람에게 사기를 친 것을 본 적이 있다. 그래서 수배발령이 내려졌고, 필자의 지인은 그 학생을 가르쳤다는 이유로 참고인조사까지 받았던 충격적인 일이 있었다. 또 한번은 중동 출신의 한 학생이 어떤 일을 하는지는 처음에 모르고 고수익의 아르바이트를 할 사람을 구한다고 갔더니 전화만 여러 곳에 돌려 대본대로 이야기하면 된다고 하였다는 것이다. 그래서 그 학생은 한국말도 자연스럽게 잘하니까 편하게 전화 업무를 할 수 있는 그 아르바이트를 하겠다고 이야기하고 시작하게 되었다. 그 학생은 아르바이트 첫날 경찰에 붙잡혔다. 알고 보니, 그 학생이 한 아르바이트는 보이스 피싱이었다.

의도적으로 범죄를 계획하고 범죄에 가담한 사람은 당연히 그에 맞는 처벌을 받는 게 맞지만 이와 관련된 법을 외국인에게 좀 더 심도 있게 교육하는 제도나 장치가 마련되면 이들이 범죄에 연루되는 일은 줄어들 것이다.

24

> ## 한국 가족들을 보면
> ## 우리 엄마 아빠가 무척 보고 싶어요.

외국 학생들을 대상으로 강의를 하면 국제 이슈와 분쟁 또는 외교 정치가 많은 영향을 미친다. 예를 들면 대중 대일 외교관계에 따라 외국인들 입국 여부가 달라지고 이러한 상황은 한국에 머무는 외국인 유학생들의 삶을 바꾸어 놓는다. 한번은 러시아와 우크라이나 전쟁이 시작되었을 때, 러시아 학생과 우크라이나 학생이 한 반에 있었다. 이들은 자신들 때문에 전쟁이 일어난 것이 아니지만 갑자기 서로 말도 하지 않고 어색함의 최고봉을 달렸다. 이러한 상황에서는 필자도 이들과 관계되는 주제를 강의 도중에 사용하지 않으려 더 신경 쓴다. 이러한 상황과 같이 외국인을 대할 때, 외국인의 나라 상황도 한 번쯤 생각하면 좋을 것 같다. 필자의 학생 중 또 다른 우크라이나 학생이 있었는데, 우크라이나 전쟁 전부터 한국에서 공부하고 있었다. 그 학생은 어느 날 필자의 수업에 메시지를 남기고 결석을 하였는데, 그 내용인즉, 자신이 사는 고향에 폭탄이 떨어져서 도저히 수업을 할 수 없다는 것이다. 그다음 날에 그 학생이 또

결석을 하였는데 사전 메시지가 없었다.

그래서 그 학생의 친구들에게 물어보니 이번에는 그 학생의 할아버지가 사는 지역에 폭탄이 떨어져서 가족들의 생사를 알 수가 없는 상황이라는 것이다. 그 학생은 고향의 전쟁 이야기를 듣고 자국으로 돌아가려고 부단히 애쓴 학생이었다. 그런데 상황이 여의치 않아 결국 못 가게 되었고 한국에서 머물면서 상황을 지켜본 학생이었다.

이 학생은 가족의 생사가 확인된 후, 강의를 들으러 왔는데, 필자는 그 학생을 보고 정말 마음이 많이 아팠던 기억이 난다. 우크라이나 학생과 같은 상황으로 자국으로 돌아가지도 한국에 있지도 못하고 스스로 죄책감을 느끼는 학생들이 많이 있다. 그들이 말하길 한국에서 한국인의 가족들이 단란한 시간을 보내거나 엄마 아빠와 좋은 시간을 보내는 아이들을 보면 사무치게 고향이 그립고 부모님이 보고 싶다고 말한다.

또 이런 일도 있었다. 미얀마의 민주항쟁으로 미얀마의 유학생들이 자국으로 돌아갈 수도 한국에 머무를 수도 없는 상황인 적이 있었다. 게다가 일주일 기간 정도 미얀마의 은행 시스템이 다운되면서 이 학생들은 학교에 등록금을 낼 수 없는 상황이 있었다. 물론 이러한 상황에서 학교 측은 최대한 도움을 주려고 하였다. 하지만 미얀마 학생들은 가족들이 너무 걱정되고 생활비도 거의 다 떨어져 가는데 미얀마의 은행도 셧다운(shutdown) 되어 불안해하였다. 초창기의 미얀마 유학생들은 국가적인 차원에서 선발되어 한국에 왔다. 그래서 이들은 상당히 학업이 우수하고 모범적이었다. 지금은 과거와 다소 다른 시스템으로 한국에 유학을 오지만 여전히 모범적인 학생들이 많다. 이 학생들의 특징은 차분하고 침착하다는 것이다. 이들은 이러한 미얀마 상황에서 최대한 침착하게 받아들이는 태도를 보였는데, 이 학생들 역시도 한국의 가족 모습을 보면 자신의 엄마와 아빠 그리고 가족들이 괜찮은지를 많이 걱정하였다. 국적을 불문하고 가족애는 소중한 것 같다. 그래서 인도적인 차원에서 이런 외국인에 대해 우리가 조금이라도 신경을 써 보면 어떨까 싶다. 당신의 자녀가 언젠가는 해외를 한 번이라도 나갈 수 있는 세상이 된 지금, 외국이 아닌 이웃이라 생각하면 좀 더 외국인이 가까이 와 닿지 않을까 생각한다.

〈저자를 한국 보호자로 생각하고 안전하게 귀국했다고 보낸 사진〉

제5부

신통방통한 한국

"
한국에서 밖에 안 나가는 사람이
이상해요.
"

외국인이 한국의 생활환경에 대해 어려워하는 부분에 대해 이야기하고자 한다. 필자는 교통체계의 양면성에 대해 이야기하고 싶다. 또한 대부분의 외국 학생들은 편리한 대중교통 시스템에 감탄하고, 이 대중교통 시스템 때문에 한국이 선진국이라 생각하는 외국인들이 정말 많았다. 한국은 효율적이고 잘 조직된 대중교통 시스템을 갖춘 나라로 필자의 학생들에게 유명하다. 지하철, 버스, 택시 등 다양한 교통수단이 잘 운영되고 있어서, 필자의 학생들은 한국 내 다른 도시들까지 자주 자유롭게 이동하고 여행하였다. 그들은 지하철 네트워크가 발달하여 도심부터 외곽 지역까지 편리하게 이동할 수 있으며, 높은 빈도와 저렴한 요금으로 이용할 수 있다는 것이 늘 신기하다고 말한다. 또한, 국내 여행 시 버스와 기차를 이용하여 명소와 관광지에 쉽게 접근할 수 있다는 사실을 외국인들은 공부해서 정보를 얻는다. 이런 정보 습득 후, 필자의 외국인 학생들은 쉬는 날이면 무조건 다른 도시나 관광지로 여행을 떠난다. 틈만 나면 다른 도시로 떠나는 필자의 학생에게 질문을 한 적이 있다.

"이렇게 매일 공부하고 주말에는 여행을 가면 피곤하지 않아요? 언제 쉬어요?"라고 하면 필자의 학생들은 이렇게 대답하곤 하였다. "선생님, 한국은 어디든지 쉽게 갈 수 있어서 좋아요. 마음만 먹으면 어디든지 대중교통으로 편리하게 갈 수 있어서 안 가면 이상한 사람이에요. 지하철을 타면 기차역까지 연결되어 있어서 부산은 그냥 우리 집에서부터 연결되어 있다고 느껴져요."라고 말이다.

외국인들은 한국의 대중교통 시스템이 세계 최고라고 이야기하였다. 미국에서 온 학생들 역시도 대중교통을 보면 미국은 한국보다 덜 발전된 것 같다고 이야기해서 필자 스스로 '한국이 이렇게 발전된 나라였구나.'라고 스스로 감탄하고 놀란 적이 있었다. 그 이유는 외국인 스스로가 미국보다 한국이 발전되어 있다고 말하는 그 자체가 놀라웠다. 이렇게 한국이 외국인도 인정하는 발전된 국가가 되었다는 것에 새삼 감사함이 느껴졌던 순간이었다.

반면, 외국 학생들이 한국의 교통체계가 너무 복잡하고 혼잡하다는 의견도 있기 때문이다. 즉 대중교통 수단의 다양성과 효율성은 좋지만 버스와 지하철의 노선구조와 운영 방식을 처음에는 그들이 이해하기 어려워한다. 또한 도로 교통상황과 운전습관도 다른 나라와 차이가 있어서 헷갈려 하고 어려워하는 경향을 나타낸다.

한번은 학생들과 서대문형무소의 야외수업을 위해 그곳과 가까운 지하철 3호선 독립문역에서 만나기로 하였다. 필자는 여러 번 학생들에게 확인을 하였는데, 학생들은 정확히 이해했으니 걱정하지 말라는 것이다. 그런데 만나기로 한 시간이 한참이 지나고 오지 않는 학생이 있었다.

그래서 그 학생에게 전화를 걸어 확인해 보니 자신은 그 역에 도착했다는 것이다. 알고 보니 그 외국 학생은 독립문역이 아닌 광화문역에 가 있었다. 또 어떤 학생은 지하철 방향을 잘못 타서 독립문역 쪽은 대화 방면인데, 3호선 오금 방향으로 타고 내려가면서 언제 독립문역이 나오는지 필자에게 물어보는 학생도 있었다. 이렇듯 지하철 노선이 복잡해서 외국 학생들이 한 번씩 길을 잃거나 헤매는 것은 한국 문화 입문을 위한 관례가 되어 갈 정도다.

그리고 학생들은 교통카드(T머니) 구입을 어려워하고 어떻게 사는지 모르는 학생이 많다. 필자는 학생들에게 왜 지하철만 타고 다니고 버스를 타지 않느냐고 질문하자, 지하철 정기권을 구매했다는 것이다. 그래서 필자는 버스도 탈 텐데 그럼 그때는 어떻게 하냐니까 그럴 때는 버스를 안 타고 걸어 다닌다는 것이다. 왜 그렇게 지내냐고 하니 지하철 티켓 구매 이외에 티머니를 어떻게 구매하는지 잘 모르기 때문이라고 하였다. 외국 학생들은 티머니 구매를 하려면 신용카드 구매와 같은 복잡한 절차를 거쳐야 한다고 오해하는 학생들이 많이 있었다.

필자는 학생들이 이런 오해를 하는 부분에서 정확한 정보가 잘 전달되면 좋을 것이란 생각을 많이 했다. 필자가 학생들에게 환승을 하면 교통비를 절약할 수 있다고 설명해 주니 그것이 무슨 말이냐고 이해를 못하겠다고 여러 번 질문을 한 적이 있다. 그래서 필자는 교통카드를 사용하면 지하철을 타고 버스를 갈아탈 때, 비용을 다 내지 않고 할인받아서 좋다고 여러 번 설명한 적이 있다. 더 많은 외국인이 다양한 정보를 쉽게 이해할 수 있는 상황이 될 수 있게 국가별 커뮤니티나 각 기관에서 정보를 잘 공유할 수 있는 대처 방안이 나오기를 희망한다.

26

BTS 오빠들은 철학자예요.

보통 외국인이 케이팝을 사랑하고 팬카페에 가입하여 한국 문화와 한국어를 배우는 것은 한국 문화에 대한 큰 관심과 애정을 나타내는 것이라 본다. 이러한 경험으로 인해 외국인은 한국의 음악, 문화, 언어 등을 경험하고 이해하려고 노력을 기울이는 것이며, 한국과의 문화 교류와 상호 이해를 촉진하는 데 기여한다.

필자가 외국인 학생들에게 강의하면서 느낀 점 중 하나는 BTS라는 가수 덕분에 한국을 찾게 되는 유학생이 많다는 것이다. 많은 사람이 알다시피 BTS는 전 세계적으로 매우 큰 인기를 얻고 있는 K-pop 그룹으로, 팬들은 다양한 국적과 배경을 가지고 있다. BTS는 글로벌 아티스트로서 전 세계 각지에서 팬들을 확보하고 미국, 영국, 캐나다, 호주, 프랑스 등의 서구 국가뿐만 아니라, 아시아, 중동, 남미 등 다양한 지역에서도 많은 외국인 팬들이 존재한다.

BTS는 소셜 미디어 플랫폼인 Twitter, Instagram, YouTube 등을 통해

팬들과 소통하고 커뮤니케이션을 촉진하며, 그들의 음악과 메시지는 외국인 팬들에게 다가가고 공감을 얻고 있다. 또한 BTS의 세계투어, 상을 수상하는 시상식 등에서도 외국인 팬들의 열정과 참여가 두드러지며, 그들의 콘서트에는 많은 국적의 팬들이 참석한다. 이러한 다양한 국적의 팬들은 BTS의 음악과 가치를 공유하며, 한 팀의 음악 그룹을 넘어서 글로벌한 커뮤니티와 팬덤을 형성하고 있다.

이런 BTS의 글로벌 인기와 영향력은 한국어에 대한 관심을 증가시키고 한국어의 인지도를 높였다. BTS는 음악 활동을 통해 한국어로 노래를 부르고 가사를 작성하며, 팬들과의 소통에서도 주로 한국어를 사용한다고 학생들을 통해 들은 적이 있다. 이러한 활동은 외국인들에게 한국어에 대한 호기심을 자극하고 배우고자 하는 동기를 부여했다. BTS의 활동과 인기는 한국어에 대한 긍정적인 이미지를 형성하고 확산시킴으로써, 한국어 학습에 대한 동기와 관심을 높였다.

실제로 BTS의 인기로 인해 한국어 학습에 대한 관심이 높아지고, 외국인들 사이에서 한국어를 배우는 수요가 증가했다. 이에 따라 전 세계적으로 한국어 학습을 지원하는 온라인 강좌, 언어교환프로그램, 한국어 학습 애플리케이션 등이 많이 등장했다.

BTS의 인기로 인해 한국어 학습에 대한 관심과 수요가 높아지면서 한국어학당(Korean Language Institutes)과 한국어문화원(Korean Cultural Centers), 한국어 학습 애플리케이션(Korean Language Learning Applications)과 온라인 한국어 강좌(Online Korean Language Courses)에서도 새로운 변화가 일어났다. 우선 한국어학당 및 한국어문화원은 한국어를 가르치는 공식기관으로, 전 세계 각국에 한국어학당과 한국어 및 한국 문화를 학습할 수 있는 한국어문화원이 있다. 이러한 기관들은 외국인들에게 한국어 학습을 지원하고, BTS의 인기와 함께 한국어 학습에 대한 외국인들의 관심과 수요가 증가하면서 BTS 관련 콘텐츠를 커리큘럼에 도입하고 있다.

한국어 학습 애플리케이션도 다양하게 존재하는데 이 중 일부 'Learn! Korean with BTS(BTS와 함께 배우는 한국어)', BTS Korean(BTS한국어), 'BTS World – Learn Korean with BTS(BTS월드-BTS와 함께 배우는 한국어)'는 BTS의 인기와 한국어 학습에 대한 외국인들의 수요를 반영하여 BTS를 주제로 한 학습 콘텐츠를 제공하고 있다. 이러한 애플리케이션은 학습자들에게 BTS의 노래 가사, 인터뷰, 영상 등을 활용하여 한국어 학습의 동기를 부여하고 있다.

또한, BTS 멤버 중 하나인 김남준(RM)은 2018년 9월 유엔 총회에서 'Speak Yourself'라는 주제로 청소년을 위한 스피치를 진행했다. 세계의 국적을 초월한 많은 학부모들이 BTS가 도대체 무슨 말을 했길래, 이렇게 우리 아이가 BTS 팬이 되었을까 많이들 궁금해한다. 우선 다음과 같은 BTS의 스피치 'Speak Yourself'를 살펴보면 감이 올 것이다.

"감사합니다. 대통령님, 그리고 전 세계의 존경받는 분들께.
저는 김남준이라고 합니다. 또한 RM이라는 이름으로도 알려져 있으며, 저는 한국 그룹인 BTS의 리더입니다. 역사적인 장소인 유엔 총회에서 이 자리에 서게 된 것은 정말로 영광입니다. 저는 오늘 세계 각국의 젊은이들을 대표해서 말씀드리고 있습니다. 젊은이들은 일상에서 수많은 도전과 고난을 겪고 있습니다. 한 이야기를 해볼까요? 제가 어렸을 때, 꿈이 있었습니다. 저는 제 생각과 감정, 꿈을 다른 사람들과 나눌 수 있는 예술가가 되고 싶었습니다. 그러나 이 꿈을 향해 나아가는 과정에서 많은 의문과 불확실성을 마주하게 되었습니다. 사람들은 제게 물었죠. '너 같은 젊은 예술가가 어떤 변화를 가져올 수 있겠어?' '네 목소리가 어떻게 들리겠어?' 하지만 오늘, 이 무대에 서서 제 목소리, 우리의 목소리가 차이를 만들 수 있다는 것을 깨달았습니다. 그래서 저는 모든 젊은이에게 한 가지 메시지를 전하고 싶습니다.

'Speak Yourself(너 자신을 말해라)'라고 말이죠.

우리는 모두가 상자 안에 갇혀 있는 세상에 살고 있습니다. 남이 우리가 어떤 존재여야 하는지 말하려고 합니다. 하지만 저는 말하고 싶습니다. '다른 사람이 너를 정의하지 못하게 해라. 너 자신을 정의해라.' 각자가 고유한 생각, 아이디어, 그리고 꿈을 가지고 있습니다. 자신의 독특함을 받아들이고, 믿고 신뢰하는 것이 중요합니다. 그리고 자신이 믿는 것을 위해 목소리를 내야 합니다.

어디서 왔든, 피부색이 뭐든, 성 정체성이 뭐든, 그저 너 자신을 말해라. 너의 꿈을 향한 열정과 목표를 실현하기 위해 모든 것을 다해야 합니다. 우리는 함께 성장하고, 서로에게 영감을 줄 수 있는 세계를 만들어야 합니다. 우리의 다양성을 축하하고, 모든 목소리가 들리는 세상을 만들어가야 합니다. 영감과 격려를 주기 위해 이 자리에 섰습니다. 우리 모두의 목소리가 중요하며, 우리의 말이 변화를 가져올 수 있습니다. 우리는 사랑을 전하고, 이해심을 퍼뜨려야 합니다. 아무도 뒤처지지 않는 세상을 만들기 위해 함께 일합시다. 마지막으로, 저희 노래 'Love Myself' 가사를 인용하겠습니다. '네게 나는 나 자신을 사랑할 이유를 보여줬어.' 자신을 사랑하고, 스스로를 말하며, 우리가 있는 모습 그대로 받아들이자. 감사합니다."

이 스피치는 국경을 넘어서 자신의 꿈을 향해 나아가고, 자신의 목소리를 통해 사회적인 변화를 이끌어내라는 메시지다. 이 스피치는 전 세계적으로 많은 사람에게 영감을 주었으며, 특히 청소년들 사이에서 자신의 꿈과 목표를 향해 노력하도록 동기를 부여했다. 또한 김남준의 스피치가 비록 영어 버전이지만 이 스피치를 한국어 버전으로 바꿔서 많은 외국인이 읽고 외우면서 한국어로 전하는 메시지와 의미도 전 세계적으로 알려지고 확산되었다. BTS의 음악도 항상 이와 유사한 메시지가 있다고 생각하면 왜 많은 팬이 형성되었는지 이유를 알 수 있을 것이다.

한번은 필자의 학생이 수업 시간에 BTS에 대해 이야기하면서 이 스피치를 외워서 낭독한 적이 있었다. 필자는 BTS에 대해 외국 학생에게 거꾸로 배우게 된 계기가 되었다. 많은 학생이 BTS의 팬 아미가 된 이유는 학생들의 마음을 알아주고 위로해 주고 희망을 주고 방향을 제시해 주기 때문이라 생각하였다. 즉 청소년에게는 선구자의 역할을 하고 있는 셈이다. 그 학생에게 필자가 "BTS가 정말 좋아요?"라고 하자 그 학생은 "진짜 좋아요. 너무 좋아요. 정말 좋아요. 우리 엄마가 스트레스 받게 해도 오빠들을 보면 괜찮아져요. 안 슬퍼져요. 오빠들은 철학자예요."라고 하는 것이다.

또 다른 학생은 BTS 중에서 지민의 팬이라고 하였다. 그 외국 학생의 휴대폰, 다이어리, 책, 공책의 표지에는 모두 지민의 사진과 BTS의 사진이었고 쉬는 시간 때마다 지민의 노래와 춤을 챙겨 보는 정성까지 보였다. 그 학생의 말에 따르면 BTS는 생각도 올곧고 인성도 훌륭하고, 다재다능하며 춤과 노래까지 뛰어나니 싫어할 사람이 어디 있겠냐는 것이다. 모든 ARMY가 그런 것은 아니지만 최소한 필자의 학생들은 사상적으로

BTS에게 푹 빠져 있었다. 정말 필자의 학생은 진정한 BTS 팬클럽 아미 (ARMY, Adorable Representative MC for Youth)였다.

이렇게 BTS는 한국어의 인기와 인지도를 증가시키는 데에 큰 영향을 미치고 있으며, 그들의 활동과 음악은 한국어 학습을 촉진하고 한국 문화의 전파에 기여하고 있다.

BTS의 이런 영향을 받은 외국인 팬들의 열정과 관심은 한국 경제와 문화 분야에서 긍정적 효과를 유발하는데 이를 3가지로 정리해 보고자 한다. 우선 관광 산업에 큰 영향을 주었다. BTS의 팬들은 한국을 방문하고 싶어 하는 경향이 있으며, 그들이 방한하는 동안 여러 가지 관광지를 방문하고 한국 상품을 소비하게 된다. 이는 호텔, 음식점, 쇼핑몰 등 관광산업의 발전에 긍정적인 영향을 미친다.

〈외국인 누구나 열광하는 'BTS' FESTA〉

출처: 저자의 외국 학생들

예를 들어, 한국문화관광연구원(KTO)은 2019년 BTS 팬들의 한국 방문으로 인한 경제 효과를 분석한 보고서를 발표했다. 해당 보고서에 따르면 BTS 팬들의 방한으로 인해 2018년에 약 80만 명의 외국인 관광객이 한국을 방문했으며, 이는 약 47억 달러의 경제 효과를 냈다고 추정되었다. 또한, 한국은행은 2018년에 방한한 외국인 관광객들의 소비액에 대한 연간 평균치를 분석한 보고서를 발표했는데, 2018년에 한국을 방문한 외국인 관광객들의 평균 소비액은 약 1,400달러였다. 이러한 데이터를 참고하면 BTS 팬들의 방한으로 경제 효과는 상당한 규모였을 것으로 예상된다.

2020년 기준, 방탄소년단의 신곡 '다이너마이트'가 핫(hot) 100 차트 정상에 오르면서 경제적 효과가 1조 7,000억 원에 이를 것으로 문화체육관광부에서 분석했다. 수익의 산업 연관 효과를 보면 생산 유발 효과는 1조 2,324억 원, 부가가치 유발 효과는 4,801억 원, 고용 유발 효과는 총 7,928명에 이른다는 것이다. '다이너마이트'로 인한 직접적 매출 규모는 2,457억 원, 이와 관련된 화장품, 식료품, 의류 등 연관 소비재 수출 증가 규모는 3,717억 원으로 추산됐다.* 해당 분석 결과는 코로나19로 인해 해외 이동이 제한되고 현장 콘서트 등이 전혀 이뤄지지 못하는 현실을 감안해 산정한 결과다. 향후 현장 콘서트와 순회공연 매출액을 포함한다면 국가 이미지, 국가 브랜드 등의 성향에 따른 상승효과 등을 추가 고려하면 경제적 파급 효과는 더욱 높아질 것이다.

2022년 12월 16일, 한국조폐공사는 방탄소년단 데뷔 10주년을 맞아 공식 기념 메달을 16일 국내외에서 동시에 출시했다. 방탄소년단 데뷔 10주년 공식 기념 첫 번째 메달은 그룹 전체의 정체성을 표현하기 위해 방탄소년단 로고와 데뷔 10주년을 뜻하는 숫자 '10'을 모티브로 디자

---

* 문화체육관광부 정책뉴스, "방탄소년단 빌보드 1위 경제효과 1조 7,000억 원", 2020.9.7.

인했다. 기념 메달 최초로 화폐에 적용하는 특수 보안 요소를 예술성 높게 적용했다. 메달 앞면은 방탄소년단의 로고를 중심으로 방탄소년단 영문 그룹명 BTS와 멤버의 영문 이름(RM, Jin, SUGA, J-hope, Jimin, V, Jung Kook)을 새겼다. 양 측면에는 데뷔 연도인 2013년과 10주년이 되는 해인 2023을 각인했고 스타(Star)를 상징하는 별 모양 안에 숫자 10이 들어가 있는 민트 마크(조폐국 각인 표시)를 최초로 도입했다고 한다. 숫자 10 주위로 방탄소년단 로고와 10th Anniversary, Au999 혹은 Ag999, 한국조폐공사 홀 마크를 새겼고, 배경에는 영원히 빛나는 별을 수놓았는데 396만 원으로 한정판으로 판매되었다.* 치열한 판매 경쟁으로 완판되었다고 한다.

〈비티에스 조폐와 메달 사진〉

출처: 한국조폐공사, 한국조폐공사 쇼핑몰**

---

* 　한경경제, "'396만 원짜리 한정판' BTS 10주년 기념 공식메달 나왔다", 2022.12.16.

** 　한국조폐공사 쇼핑몰, www.koreamint.com.

현대경제연구원은 BTS가 데뷔한 이후 지난 10년간(2014~2023) 경제적 효과로 41조 8,600억 원에 달한 것으로 추산했다. 이들이 유치한 외국인 관광객은 연평균 79만 6,000명에 이른다. 일각에서는 구글 검색량으로 BTS 인지도가 1%p 올라갈 때, 외국인 관광객 수와 관련 소비재 수출액이 0.18~0.72%p 올라간다는 분석도 있다.[*]

2023년 6월 17일 서울 여의도 한강 공원 일대에서 BTS의 데뷔 10주년을 축하하는 쇼가 진행된 가운데, 중계 시청자 수가 전 세계에서 최대 153만 명에 달한 것으로 나타났다. BTS 소속사 빅히트 뮤직은 팬덤 플랫폼 위버스와 틱톡, 유튜브 등을 통해 전 세계에 생중계된 이날 행사에 유튜브 최대 동시 접속자 수가 34만여 명을 기록했으며, 위버스에서는 119만여 명이 시청했다고 밝혔다. 이날 여의도 일대에는 약 40만 명의 관람객이 찾아 축제를 즐겼고, 이 중 외국인만 12만 명으로 집계돼 BTS의 세계적 인기를 재차 확인할 수 있었다.[**]

서울시는 BTS 관련 서울 명소 13곳이 포함된 '서울방탄투어' 지도를, 서울 중앙우체국은 BTS 데뷔 10주년 기념우표를 선보였다. 국내 주요 호텔도 팬클럽(아미)의 뜨거운 관심을 체감하고 있다. 호텔 명동과 롯데호텔은 2023 BTS페스타 기간 호텔 예약률이 90%를 넘긴 상태다.

두 번째로 한류 제품의 수요가 증가했다. BTS의 인기로 인해 한국의 음악, 영화, 드라마 등의 콘텐츠에 대한 외국인들의 관심이 높아지면서 한류 제품의 수요가 크게 증가했다. 이로써 음반, 의류, 화장품 등 한국

---

[*] 미디어평화연구소.

[**] 연합뉴스, "보랏빛 수놓은 서울 하늘 전 세계 153만 명 봤다", 2023.6.19.

제품의 해외 수출이 증가하고 한국 기업의 경제적 이익을 가져왔다. 음반의 경우, BTS의 음악 앨범은 글로벌 음반 시장에서 큰 인기를 얻었으며, 수백만 장의 음반 판매량을 기록했다.

이를 통해 한국 음반 산업이 성장하고 국제시장에서 인정받는 기회를 얻게 되었다. 의류의 경우, BTS의 스타일과 패션은 팬들 사이에서 큰 영향력을 가지고 있으며, 이는 한국 의류산업에도 긍정적인 영향을 미쳤다. 한국 브랜드의 의류 제품은 BTS와의 협업이나 멤버들의 스타일을 반영한 제품으로 인기를 얻었다. 이로 인해 FILA와 같은 한국 의류 브랜드가 해외시장에서의 판매량과 수익이 상당히 증가한 것으로 알려졌다. 화장품의 경우, BTS 멤버들과 한국 화장품 브랜드가 협업하고 멤버들이 화장품을 사용하는 모습은 한국 화장품 산업에 큰 관심을 불러일으켰다.

VT Cosmetics는 BTS Edition 화장품 라인을 출시하여 해외에서 이 제품이 인기를 얻으며 브랜드 인지도가 크게 상승하여 해외시장에서 성공을 이루었다. 메디힐(Mediheal)은 BTS와 협업하여 특별판 에디션 마스크 팩을 출시하였으며 BTS 홍보 효과로 인해 팬들 사이에서 큰 인기를 얻었다. CLIO도 역시 BTS 멤버 지민이 모델로 활동하였는데 이를 통해 CLIO는 글로벌시장에서 인지도를 높이고 많은 성과를 이뤘다. 이로 인해 BTS 팬들과 소비자들 사이에서 한국 화장품에 대한 관심이 높아지고 신뢰도도 상승하였다. 그 외 BTS와 함께해서 해외시장에서 성공한 한국 음식 브랜드 및 음료로는 BBQ Olive Chicken과 Lotte Chilsung과 Baskin-Robbins Korea는 BTS BR이라는 특별한 아이스크림 제품을 출시하여 큰 인기를 끌었다. 이렇게 BTS 인기와 함께 한국 음식의 인지도와 수요도 증가하였다.

마지막으로, 문화 교류와 국제 이해 증진에 기여했다. BTS 음악과 메시지는 문화적 경계를 넘어 다양한 사람들에게 전달되었고, 한국 문화에 대한 이해와 관심을 높였다. 앞서 언급한 것과 같이 한국어 학습이 증가하였고 한국 문화 체험 프로그램이 세계 각지에서 인기를 끌었으며 외국인들은 한국 문화를 직접 경험하는 경우가 많았다. 그리고 한국을 직접 방문하고 싶어 하여 한국 관광이 인기를 끌었다. 이는 한국과 다른 국가들 사이의 문화 교류와 국제 이해를 증진시키는 데 도움을 주었다. 이러한 효과들은 BTS의 인기와 외국인 팬들의 열정에 기인하며, 한국 경제와 문화발전에 기여하고 있다.

27

"주말에 천국에 갔어요.

"

한번은 리처드라는 학생이 수업 시간에 서울에서 천국 같은 곳을 다녀왔다고 이야기한 적이 있었다. 외국 학생이 이렇게 말할 정도의 장소는 어디일지 필자는 너무너무 궁금했다. 그 학생은 천국 같은 곳에 대해 이렇게 설명했다.

"그곳에 가면 몸도 튼튼해지고 배고프지 않아요."라고 말이다. 그래서 필자는 정부에서 운영하는 복지센터에 봉사를 갔을까라는 생각을 하였지만 그 학생이 설명한 곳은 바로 한국의 찜질방이었다. 더욱 놀라운 곳은 필자보다 서울의 찜질방 어디가 크고 어디가 좋은지, 수도권 베스트 3위 안에 드는 찜질방이 어디인지에 대해 너무 잘 알고 있었다.

리처드의 말이, 한국에 와서 동네 찜질방을 갔는데 너무 신기해서 다른 지역으로 찜질방 진출을 해보고 싶었다는 것이다. 그렇게 해서 서울에서 다닌 찜질방은 10곳이 넘는다고 했다. 그런데 리처드가 가는 찜질방 중에서 가장 마음에 드는 찜질방은 용산에 있는 드래곤힐스파라는 찜질방과 인천에 있는 파라다이스 시티 내에 있는 스파라는 것이다.

　외국 학생이 필자보다 찜질방에 대한 정보를 더 많이 알고 필자에게 찜질방이 어디가 좋은지 소개해 주고 찜질방 갈 때 유의사항을 오히려 필자에게 알려줄 정도로 상당히 찜질방 정보에 대해 박식해 보였다. 리처드는 찜질방에 가서 미역국은 꼭 먹는다고 하였다. 미역국을 먹고 몸을 지지고 목욕탕에서 목욕을 하고 나온 후, 구운 계란과 식혜를 먹으면 몸이 튼튼해지는 것 같다고 하였다.

〈외국인들에게 유명한 용산 드래곤힐스파 찜질방〉

출처: 드래곤힐스파 홈페이지

　리처드는 핀란드식 사우나보다 한국식 찜질방은 문명발달 이후 최고의 선물이라고까지 이야기하였다. 리처드가 자국의 문화보다도 한국의 문화를 이해하고 받아들이는 이런 태도는 상당히 놀라운 일이다. 한 번만 방문한 것이 아니라 지속적으로 열 번 이상 낯선 문화를 접하면서 한국인과 섞여 지내고 싶어 하는 태도는 한국을 정말 사랑하지 않고서는

〈외국인들에게 소문난 스파렉스 찜질방〉

출처: 스파렉스 홈페이지

힘든 일이다.

　왜냐하면 리처드가 찜질방에 가는 일은 탈의를 하고 다른 한국인과 공중목욕탕을 함께 써야 하는 일인데, 이런 과정에서 인종차별적인 발언과 수치스러운 감정을 느끼게끔 일부 한국인들이 행동하는 경우가 있기 때문이다. 필자는 이런 부분에 대해 걱정이 되어 리처드에게 질문한 적이 있다.

　"리처드, 찜질방은 정말 좋은 곳이지만 리처드가 한국인과 함께 목욕하는 일은 불편하지 않아요?"라고 하니 리처드가 하는 말이 "정말 그것은 불편해요. 한국 사람들이 자기 몸 씻는 것에 집중하지 않고, 저만 쳐다봐요. 그리고 한국 할아버지들과 아저씨들이 제 몸을 보고 손가락으로 가리키며 뭐라고 이야기해요. 그리고 가끔은 저를 피해 다른 탕으로 가는 사람들도 있어요."라고 하는 것이다.

그래서 다시 필자가 질문하였다 "그런데 왜 가요?" 리처드가 말하길 "그래도 한국 사람들은 귀여워요. 저에 대한 관심이라고 생각해요. 이렇게 한국 문화를 배우고 있어요. 저는 한국을 사랑해요. 적응하면 다 괜찮아요."라고 한다.

정말 리처드는 한국을 사랑하고, 한국인의 불편한 행동조차도 문화로 이해하고 있었다. 이런 리처드와 같은 외국인들에게 한국인들의 행동과 태도는 한국을 대표하는 문화로 인식되는 경우가 많다. 이런 인식과정은 일시적으로 만나는 외국인일 경우 한국인의 부정적인 행동이 한국 문화로 화석화되는 경우가 많아 상당히 위험하다.

고로 한국인으로서 외국인을 대할 때는 정말 조심해야 한다. 이런 환경에서 외국인이 한국에서 적응하는 과정은 정말 도전적인 일이며 기적에 가까운 일이다. 이런 놀라운 일을 하고 있는 외국인에게 한국인으로서 좀 더 예의를 지키며 긍정적으로 인식할 수 있는 한국 문화를 보여주면 어떨까라는 생각을 해본다.

28

한국 사람들은 학교에서
메이크업을 배웁니까?

한국의 뷰티 산업은 전 세계적으로 큰 인기를 얻고 있으며, 많은 외국인에게 영향을 미치고 있다. 한국의 화장품, 성형, 다이어트 등은 고급스러운 제품과 효과적인 기술을 통해 꾸준한 관심을 받고 있다. 우선 한국 화장품에 대해 이야기하자면, 필자의 학생이 필자에게 이렇게 말한 적이 있다.

"선생님, 한국 사람들은 학교에서 메이크업 하는 것을 배웁니까?"라고 말이다. 필자가 그렇지 않다고 하니 그 학생이 하는 말이 "어떻게 하나같이 연예인처럼 화장을 할 수 있어요?"라고 질문했다. 필자는 주관적인 관점에서 한국인을 봐 왔던 터라 한국인이 학생이 말한 만큼 화장을 연예인처럼 하고 있다고 생각하지 못했다. 필자의 학생은 한국에 와서 한국 여자들이 모두 화장을 예쁘게 연예인처럼 하는 것을 보고 놀랐다는 것이다.

또 아시아 국가에서 한국으로 유학 온 학생은 자신의 고향에서 한국 화장품이 고가로 팔리고 있다는 것이다. 백화점에 가야 볼 수 있는 화장품이 한국 화장품이라고 하면서, 고향에 돌아갈 때마다 기념품으로 한국 화장품과 마스크 팩을 가족들을 위해 많이 사가지고 간다고 하였다. 외국인들이 이렇게 한국 화장품에 관심을 많이 가지는 이유는 뭘까?

필자의 외국 학생들이 이야기하는 바에 따르면 한국 화장품은 4가지 특징을 가지고 있다. 그것은 혁신적인 제품과 기술, 두 번째로 자연스럽고 청정한 이미지, 세 번째로 K-팝과 드라마의 인기와의 연관성을, 네 번째로 다양성과 포용성을 강조하는 특징이다. 우선 한국 화장품의 혁신적인 제품과 기술은 외국인들은 인정한다. 한국 화장품 기업들은 새로운 제품과 혁신적인 기술을 개발하고, 고급스러운 패키지와 효과적인 성분을 활용하여 전 세계적으로 인기를 얻고 있다.

필자의 외국인 학생들 중에 대부분의 여학생은 한국 화장품만 쓴다. 고향 브랜드 화장품은 한국 화장품 사용 첫날부터 멀리하게 된다고 하였다. 한국 화장품은 가격대도 괜찮고 품질도 좋고 효과를 바로바로 느낄 수 있다고 대부분의 학생은 평가하였다. 한국에서 한국인에게 인지도가 없거나 저가 화장품이라 한국인들이 많이 사용하지 않는 화장품도 외국 학생들에게는 정말 좋은 화장품으로 인식되고 있었다.

보통 화장품을 좋아하고 관심을 많이 가지고 있었던 학생들의 국적은 중국, 일본, 동남아시아 국가들, 미국, 유럽 국가들, 아프리카 국가들이다. 이 나라의 외국 학생들은 저마다의 이유로 한국 화장품을 좋아했다. 한번은 아프리카 학생이 피부 미백에 좋은 한국 화장품을 발견했는데 그 화장품을 2주밖에 안 썼는데 얼굴이 하얘졌다는 것이다. 필자는 아프리카 학생에게 학생이 가지고 있는 그대로가 더 아름답다고 이야기해 줬지만 조금 더 미백에 신경 쓰고 더 밝은 피부를 가지고 싶어 하는 학생의 로망이 있었다. 아프리카 학생이 느끼기에 한국 화장품은 미백에 효과적이라고 하였다.

두 번째로 한국 화장품은 자연스럽고 청정한 이미지를 강조한다. 한국인들은 투명하고 윤기 있는 피부를 중요시하며, 이를 위해 스킨케어와 메이크업에 신경을 많이 쓴다고 외국인들은 생각한다. 이러한 자연스러운 이미지는 외국인들 사이에서 매력적으로 여겨지고 한국 화장품을 좋아하게 되는 이유 중 하나가 된다. 이들은 한국 여성들이 피부가 좋다고 생각하여 한국 화장품을 쓰고 좋은 피부를 만들려고 노력한다. 그래서인지 외국 학생들이 한국에 도착해서 보통 3개월 정도의 적응 기간을 갖게 되는데, 이들이 이 시간 동안 가장 많은 관심을 가지는 것이 화장품이다. 그들이 한국 도착 후 6개월이 지나면 한국 학생들과 동일한 화장법으로, 외국 학생들이 궁금해하던 한국 학생의 윤기 있고 투명한 피부를 연출하는 모습을 볼 수 있다.

한번은 한국 문화 수업 중에 한 학생에게 이런 질문을 받은 적이 있다. "당신은 어떤 화장품을 삽니까? 어디에서 사요?"라고 말이다. 남학생이 질문해서 의아했지만 친절하게 경제적으로 좋은 화장품을 살 수 있는 방법을 알려줬다.

그 학생에게 화장품이 왜 필요하냐고 하니 아내와 딸에게 화장품을 선물하고 싶다는 것이었다. 그 학생이 화장품에 대해 질문을 하자 질문을 하고 싶었지만 하지 못하고 있었던 다른 학생들이 화장품에 대해 질문을 하기 시작했고 수업의 50분을 한국 화장품과 화장품 쇼핑에 대해 이야기한 적이 있었다. 처음 화장품에 대해 질문을 한 남학생은 자신의 아내와 딸의 피부 타입과 연령을 이야기하며 어떤 화장품이 제일 좋겠냐고 아주 구체적으로 질문을 하였다. 필자는 이 남학생이 곧 고향으로 돌아가는 것을 알기에 쉬는 시간에 덧붙여 설명한 기억이 있다.

정말 한국 문화를 강의할 때는 다양한 분야를 다루고 다양한 장르의 드라마를 찍는 것 같은 느낌이 들 때가 있다. 나중에 이 남학생이 화장품을 사서 고향으로 돌아간 후, 필자에게 이메일이 온 적이 있다. 한국 화장품을 선물해서 가족에게 칭찬을 들었다는 것이다. 또한 가족들이 한국 화장품에 대해 주변인들에게 자랑을 많이 해서 어떻게 더 구매할 수 있느냐는 것이었다. 필자는 온라인으로 외국배송이 되는 사이트가 있다는 것을 알려주었는데 한국 화장품이 인정받고 있다는 사실을 또 한번 깨닫는 순간이었다.

한국 화장품에 대한 선호는 K-팝 드라마의 인기와 연관성이 있다. K-팝 드라마에 등장하는 아티스트들의 외모와 스타일은 팬들에게 영감을 준다. 이로 인해 외국인들은 한국 뷰티 중 인기가 있는 것을 따라 하고, 한국 스타일의 메이크업과 헤어스타일을 시도하는 경우가 많이 생기게 되었다.

한번은 카자흐스탄 학생이 어느 날, 눈 밑에 반짝이를 붙여서 등교한 적이 있었다. 필자는 그 학생에게 오늘 학교에서 공연이 있느냐고 질문을 했더니 그 학생은 오늘 특별한 일이 없다는 것이다. 필자 눈에는 그 학생의 화장이 공연예술 수준의 화장법으로 느껴졌고 어디 특별 방송이나 공연에 출연할 것으로 추측했다.

그런데 그 학생은 자신이 좋아하는 아이돌 '여자아이들'을 따라 화장을 했고 오늘 일정은 수업 이외에 없다는 것이다. 그리고 보니 여자아이들과 참으로 닮아 보였다. 학생이 필자에게 "선생님은 좋아하는 아이돌이 있어요?"라고 질문을 하였다. 필자는 학생과 같은 '여자아이들'을 좋아한다고 하니, 그 학생은 여자아이들이 너무 예뻐서 똑같이 화장하고 다니고 싶다는 것이다. 그러면서 필자에게도 여자아이들과 같은 화장을 해보라고 권하기까지 하였다. 이렇게 외국 학생들은 한류의 영향을 많이 받아 그대로 자신의 외모에 반영하곤 한다. 하지만 한국인들의 피부 톤이 달라 외국인들 중 자신의 피부 톤에 맞는 화장품을 찾지 못해 아쉬워하는 경우도 있다. 한번은 아랍에서 온 여학생이 한국 모델과 같은 피부를 연출하고 싶어 화장품 가게에 갔더니 자신의 얼굴 피부 톤과 맞는 베이스와 파운데이션이 없어서 사지 못했다고 한다. 그래서 백화점으로 다시 가서 찾아보려 했으나 찾지 못해서 너무 속상했다고 이야기하였다. 이렇게 한국 화장품을 사고 싶지만 자신의 피부 톤과 맞지 않아 화장품 쇼핑을 어쩔 수 없이 포기하는 경우도 많다.

네 번째로 한국 뷰티는 다양성과 포용성을 강조한다. 한국에서는 다양한 피부 톤과 특징을 가진 사람들을 위한 제품과 메이크업 기법이 개발되어 있다. 이는 외국인들이 다양성과 포용성을 중요시하는 시대적 흐름과 부합하며, 다양한 인종과 문화의 사람들이 한국 뷰티를 따라 할 수 있는 기회를 제공한다.

예를 들어 한국 화장품은 피부 타입과 색조에 관계없이 다양한 제품과 기법을 제공하고 있어 다양성을 중요시하는 외국인들에게 더 매력적으로 다가온다. 피부 톤 조절 제품이나 피부 고민 해결을 위한 다양한 스킨케어 제품들이 있어 다양한 인종의 사람들이 사용할 수 있다. 그래서인지 필자의 학생들은 시간만 되면 올리브영에 방문하여 화장품 무료체험을 하고 메이크업을 하기도 한다.

외국 유학생들이 가장 좋아하는 화장품 브랜드는 개인의 취향과 선호도에 따라 다른 편이다. 그러나 한국에서 많은 인기와 인정을 받고 있는 몇 가지의 브랜드가 있다. 이러한 브랜드들은 고품질의 제품과 다양한 제품 라인업, 혁신적인 기술 등으로 외국 유학생들에게 관심을 끈다.

필자의 학생들에게 어떤 화장품 브랜드가 좋으냐고 질문을 한 적이 있는데, 그들은 '에뛰드 하우스', '더 페이스 샵', '이니스프리', '미샤', '클리오'와 같은 제품을 좋아했는데 합리적인 가격이라는 공통점이 있다. 에뛰드 하우스를 좋아하는 필자의 학생들은 저렴한 가격과 다양한 제품 라인업이 존재하고 귀여운 패키지 디자인으로 메이크업 제품과 스킨케어 제품을 자주 사는 편이었다. 더 페이스 샵은 천연 원료를 사용한다는 믿음으로 피부에 자극이 적고 효과가 좋다고 학생들은 평가하였다.

〈세계에서 아름다움을 리드하는 한국이라고 발표하는 연수생 '한국 뷰티에 대해서'〉

이니스프리의 경우도 자연에서 추출한 원료가 마음에 들어서 사용한다는 학생들이 많았다. 미샤를 좋아하는 학생들의 경우는 BB크림과 커버할 수 있는 메이크업 제품을 많이 쓴다고 하였다. 클리오는 메이크업 제품으로 유명한데, 지속력이 뛰어나서 좋아한다고 하였다. 학생들은 클리오에서는 아이라이너와 립 제품을 많이 산다고 하였다.

29

" 한국에 와서 살면 예뻐져. 너도 한국에 오세요. "

외국인들은 한국의 성형에 관심을 많이 가지고 있다. 한번은 성형외과 코디네이터로 아르바이트를 하며 공부를 병행하는 필자의 학생은 한국으로 많은 사람이 성형을 하러 오고 싶어 한다는 것이다. 그래서 자신도 이런 아르바이트를 할 수 있게 되었다고 하였다. 외국인들이 한국에 성형 관광을 온다는 것이다. 한국에 관광 오는 것이 어려우면 한국의 성형외과 의사 선생님이 외국으로 출장을 가기도 한다는 것이었다.

한국 성형이 이렇게까지 유명한 이유가 무엇인지 그 이후 많은 학생에게 질문한 적이 있다. 그 학생들이 한국 성형을 선호한 이유에 대해 여러 가지 의견을 말했지만 필자가 그들의 의견을 정리하면 한국 성형기술과 전문성, 다양한 성형 옵션과 개인 맞춤 서비스, 한류 문화와 아이돌 영향력, 경제적 이점 등을 들 수 있다.

우선 첫 번째로 외국인들은 한국은 성형기술과 의료 시스템에서 전문성을 갖고 있다고 생각하였다. 한국 성형 시장은 세계적으로 인정받는 의료 전문가와 최신 기술을 보유하고 있어 안전하고 효과적인 성형을 제공한다고 믿고 있었다. 이러한 전문성과 기술력은 외국인들에게 신뢰를 주었기에 성형을 하기 위해 한국행을 선택한다.

두 번째로 한국은 다양한 성형 옵션을 제공하며, 개인의 목적과 원하는 결과에 맞춤화 된 서비스를 제공한다는 것이다. 각각의 개인에게 맞는 상담과 계획, 세심한 케어와 애프터케어를 제공하는 등 개인 중심의 서비스를 제공하는 것이 특징이라 외국 학생들은 돈을 모아 한국에서 성형을 하고 싶다고 하였다. 한번은 필자의 학생이 자신은 돈을 많이 모으면 치아성형과 안면윤곽을 하고 싶다고 말하였다. 필자는 지금도 충분히 예쁜데 왜 하고 싶으냐고 하니 한국에 있을 때, 성형해서 더 예뻐지고 싶다고 말하였다. 자신의 고향으로 가면 한국처럼 원하는 스타일로 해주는 것이 아니라, 의사 선생님이 원하는 대로 하기 때문에 자신의 의견이 반영되기 힘들고 의료수준과 관리에서도 한국은 선진적이라고 하였다.

세 번째로 한류 문화와 아이돌 영향력 때문에 한국 성향에 관심을 가지게 된다. 한류 문화의 인기와 한국 아이돌의 외모는 외국인들에게 성형을 통해 비슷한 외모나 스타일을 얻고자 하는 동기를 부여한다. 지난번 어느 뉴스에서는 BTS 멤버 중 한 명과 동일한 외모를 가지고 싶어 했던 캐나다 남자 학생이 수십여 차례 과도한 성형시술로 결국 사망에 이르렀다고 하였다. 한국인이 생각하는 것 이상으로 많은 외국인이 한국 스타처럼 되고 싶어 하는 사람들이 많다. 성형이 어려운 학생들은 머리 모양이라도 똑같이 하고 싶어서 염색을 하거나 한국 아이돌과 동일한 머리 스타일을 한다. 한번은 필자의 강의 시간에 베트남 남학생 3명이 동일한 머리 스타일로 나란히 앉아 있었다. 필자가 출석을 부르자 그

중 한 학생이 "선생님, 우리 예뻐요? 주말에 머리하러 갔어요."라고 했다. 그러면서 그 학생은 "저와 홍과 탄과 반남하고 같이 미용실에 갔어요."라고 하여, 그 세 명의 학생을 눈여겨보니 정말 세 명이 똑같은 머리 모양을 하고 있는 것이다. 더 설명하지 않아도 그들이 동일한 헤어디자이너 선생님에게 머리 시술을 한 것을 알 수 있었다. 필자는 연예인 머리 스타일 같다고 하니, 요즘 아이돌 가수들이 많이 하는 투블럭 뱅스타일이라고 하는 것이었다. 이렇게 필자의 많은 학생은 아이돌의 영향을 많이 받아 그들의 스타일 그대로 반영하는 경향을 나타낸다.

네 번째로 경제적인 가격 때문에 한국에서 성형을 선택한다고 한다. 한국 성형 시장은 비교적 경쟁력 있는 가격과 품질을 제공하기 때문에 다른 국가에 비해 비용이 상대적으로 저렴하다. 일본, 중국, 미국, 러시아, 태국에서 외국인들이 한국에 성형하러 많이 오는 편인데, 그중에서 비용적인 이유로 한국을 찾아오는 국가의 사람들은 미국인이다.

한국에서 성형외과를 방문하는 외국인들은 이 외에도 국적이 다양하다. 전체적으로 외국인들이 좋아하는 성형외과가 어디인지 정확히는 모르지만 필자의 학생들을 기준으로 국제적으로 유명한 성형외과 4곳을 소개하면 다음과 같다. BK성형외과, 아프레 시술외과, 드림 클리닉, 시노시스 성형외과 등이다. BK성형외과는 한국에서 매우 유명하고 국제적으로도 잘 알려져 있는 성형외과로 필자의 학생들이 모두 알고 있었고 높은 수준의 성형수술과 서비스로 유명하다고 평가하였다.

다음으로 아프레 시술외과이다. 이곳은 서울 강남에 위치해 있는데 필자의 학생들뿐만 아니라 외국인들 사이에서도 인기가 많다고 한다. 전문성과 시설이 좋다고 소문이 났다고 한다. 다음으로 드림 클리닉이다.

이곳은 외국인 환자들을 위한 전문적인 서비스와 고급 시설을 제공하는 성형외과라고 하였다. 성형수술 분야도 다양하고 평판도 좋아서 유명하다고 하였다.

마지막으로 시노시스 성형외과가 잘 알려져 있다고 이야기하였다. 이곳은 최신 기술과 트렌드를 반영할 뿐만 아니라 외국인들을 위한 다국적 진료 팀을 갖추고 있어서 소통에 불편함이 없다고 하였다.

다음은 외국인들이 생각하는 한국 다이어트에 대한 이야기다. 요즘 외국인들 사이에 한국 다이어트에 대한 관심과 따라 하기 경향이 증가하고 있다. 한국 다이어트를 시작하는 것은 한류와 연관성이 가장 크다. 한류 문화 성공과 함께 한국 스타들의 비결 중 하나로 다이어트와 건강 관리가 언급되면서 외국인들 사이에서 한국 다이어트에 대한 관심이 높아졌다.

그리고 한국을 방문하는 외국인들은 한국인의 체형을 보고 다이어트하고자 하는 동기를 가지게 된다. 수업 중, 한 학생이 자신은 한국에 와서 10kg을 감량했다는 것이다. 필자는 어디 아픈지, 무슨 일인지에 대해 질문했더니 그 학생이 말하길 "한국에 왔을 때, 한국 여자들이 모두 모델같이 날씬해서 깜짝 놀랐어요. 그래서 제가 너무 안 예뻐 보여서 살을 뺐어요."라고 하였다. 실제로 필자의 학생들은 한국에 와서 한국인을 보고 자극을 받아서 몸무게를 감량하는 경우가 많다. 남학생의 경우 '먹방'으로 인해 살이 찌는 경우가 많지만 여학생의 경우 한국 여성의 체형을 보고 무조건 살을 빼려고 노력하는 모습을 보인다.

또한 한국 다이어트는 건강한 식단과 균형 잡힌 식습관을 중요시하는 특징을 보이는데, 이를 통해 체중관리를 하고 건강 측면에서 효과를 기대하는 외국인들이 많이 있다. 보통 외국 학생들이 한국에 와서 한국 음식을 자주 접하면서 자연스럽게 살이 빠지는 경우가 대부분이다. 이런 경험을 통해 외국 학생들은 계속해서 한국 음식을 먹으면서 체중을 유지하고 싶어 하였다. 한 예로 필자의 학생 중 돌솥비빔밥만 식당에서 사 먹는 학생이 있었다. 한국에 교환학생으로 온 아나라는 학생은 1년 후, 12kg 감량하고 핀란드로 돌아갔다. 고향에 돌아가서도 한국 음식을 먹으면서 체중을 유지하려고 한국식 다이어트를 한다고 하였다.

필자의 많은 학생은 고향 친구들에게 이렇게 말한다고 하였다. "한국에 와서 살면 예뻐져요. 너도 한국에 오세요."라고 말이다. 필자의 대부분의 학생이 이런 말을 할 정도로 한국 뷰티는 외국인들에게 인지도가 높다. 이 말은 한국 뷰티를 인정하고 자신과 자신 주변의 친구들이 더욱 예쁘게 변하는 과정을 겪어보면서, 한국 뷰티의 매력과 독특한 기술이 주요한 역할을 한다고 깨닫는 것이다.

30

결론

　지금까지 필자가 외국인들과 함께 보낸 시간과 경험에 대해 살펴보았다. 이들은 한국에 대해 때로는 서운하고 때로는 상처받기도 하지만 한국어와 한국문화를 배워가며 한국에 대한 애정을 키워나가고 있다는 것을 알 수 있다. 이들이 이렇게 한국어와 한국문화를 배우며 우리나라에 남다른 애정을 가지는 것은 한국에 대한 소속감과 한국을 받아들이는 자아 정체성이 존재하기 때문이다. 이들의 이러한 현상을 언어와 민족 정체성과 연관지어 이해하고자 한다.

　언어와 민족적인 정체성 간에는 밀접한 관련이 있다는 주장을 언어학 이론적 관점에서 살펴보기 위해 벤자민 워프의 워프가설이론(Warfian Hypothesis)을 살펴볼 수 있다. 벤자민 워프는 20세기 초 미국의 언어학자로, 언어와 사고, 문화, 인식 간의 관계를 연구하였다. 워프가설이론은 언어가 개인 및 집단의 사고와 인식 방식, 문화적 가치 및 관념을 형성하는 데 영향을 미친다고 주장한다. 이론에 따르면, 언어는 우리의 사고와 인식을 형성하는 도구로서, 사회적·문화적·지리적 맥락에 따라 다양한 방식으로 작용한다. 따라서 특정 언어를 사용하는 사람들은 그 언어의 특성과 구조에 의해 영향을 받아 특정한 사고방식을 형성하고, 문화적 가치와 정체성을 형성하게 된다.

이론은 언어의 다양성과 다른 언어들이 갖는 특징들이 각각의 문화와 사회적 배경을 반영하고 있음을 강조한다. 언어는 우리가 세상을 인식하고 해석하는 방식을 형성하며, 특정 언어를 사용하는 개인과 그들이 속한 집단의 정체성과 문화적 특성을 형성하는 데 영향을 준다. 이는 언어가 민족적 정체성 형성에도 영향을 미친다는 것을 시사한다.

즉, 언어는 특정 민족이나 집단의 정체성 형성에 중요한 역할을 한다고 주장할 수 있다. 특정 언어를 사용하는 민족이 고유한 언어적 특성과 개념 체계를 갖고 있으며, 이는 그들의 문화, 역사, 가치관, 사고방식 등에 큰 영향을 미친다. 하지만 워프가설이론은 언어와 민족적 정체성 간의 관계를 단정적으로 설명하지 않는다.

언어와 민족적 정체성은 복잡한 상호작용과 다양한 인과관계에 의해 결정된다. 언어는 민족적 정체성을 형성하는 요소 중 하나일 뿐이며, 다른 사회적·문화적·역사적 요인들과 함께 작용하여 복합적인 형태의 정체성을 형성한다. 예를 들어, 언어는 특정 민족 집단의 고유한 문화적 특성과 가치관을 전달하고 유지하는 역할을 할 수 있다. 한편으로는 언어가 민족적 정체성을 형성하는 데 영향을 주지만, 동시에 언어 사용자들의 사회적·경제적·정치적 상황과 상호작용하여 그 의미와 기능이 변화할 수 있다. 이는 언어와 민족적 정체성 간의 관계가 단순한 원인과 결과의 관계가 아니라 복잡한 상호작용의 결과라는 것을 의미한다.

따라서 언어와 민족적 정체성 간의 관계를 이해하기 위해서는 언어학적 이론뿐만 아니라 사회학, 문화인류학, 역사학 등 다양한 학문 분야의 접근과 다양한 요인들을 고려해야 한다. 이를 통해 언어와 민족적 정체성의 복잡한 상호작용을 이해하고 분석할 수 있다.

외국인이 한국어를 할 수 있다는 말도 언어학적인 부분뿐만 아니라 다양한 분야 요소들이 작용했다고 볼 수 있다. 벤자민 워프의 워프가설 이론은 언어와 사고, 문화, 인식 간의 관계를 탐구하는 이론이다. 이 이론을 바탕으로 설명하면, 한국에서 외국인이 한국어를 할 경우, 한국인은 그들을 인정하고 존중해 주어야 한다.

워프가설이론은 언어가 개인과 집단의 사고와 인식 방식, 문화적 가치 및 관념 형성에 영향을 미친다고 주장한다. 이에 따라 외국인이 한국어를 배우고 사용할 경우, 그들은 한국 문화와 사회에 대한 관심과 이해를 나타낸다. 이러한 외국인의 노력은 한국어를 통해 한국인들과 소통하고 상호 이해를 도모하는 데 중요한 역할을 한다. 앞서 언급했다시피, 워프가설이론은 언어의 사용자들이 특정 언어와 그 언어를 사용하는 문화 및 사회와의 상호작용을 통해 정체성을 형성한다는 주장이다. 따라서, 한국에서 외국인이 한국어를 사용할 경우, 그들은 한국 사회와의 상호작용을 통해 자신의 정체성을 형성하게 된다. 이는 한국인들이 외국인의 노력을 인정하고 존중해 주어야 함을 시사한다.

외국인이 한국어를 사용하는 것은 그들이 한국 문화와 사회에 참여하고 소통하기 위한 노력의 일환으로, 이러한 노력은 상호 이해와 문화적 교류를 촉진하는 데 기여하며, 한국 사회의 다양성과 역동성을 풍부하게 만들어 준다.

따라서 벤자민 워프의 워프가설이론을 통해 설명하면, 한국에서 외국인이 한국어를 할 경우, 한국인은 그들을 인정해 주고 존중하는 태도를 가져야 한다는 것이다. 이는 언어와 사고, 문화, 정체성 간의 관계를 고려하고, 상호 이해와 문화적 교류를 촉진하기 위한 태도를 취하는 것과 일치한다.

　외국인이 한국어를 할 수 있는 경우, 그들은 한국 사회에서 더 적극적으로 소통하고 문화적으로 참여한 것이다. 그들의 노력과 열정을 존중해야 하며 언어적 소통을 통해 상호 이해와 교류를 촉진할 수 있다. 이는 한국인들과 외국인 간의 상호 존중과 긍정적인 관계를 형성하는 데 도움이 된다.

　또한 한국인들이 외국인의 노력을 인정하고 존중함으로써 다양성과 포용성을 장려할 수 있다. 한국은 과거보다는 다양한 문화적 · 인종적 배경을 가진 사람들이 공존하고 있으며, 외국인의 참여와 기여는 한국 사회의 다양성과 역동성을 풍부하게 만들어 줄 수 있다. 따라서 한국인들은 외국인이 한국어를 할 경우에 오픈 마인드를 가지고 상호 존중과 이해를 나타내는 것이 중요하다. 또한 외국인이 한국어를 할 수 있음으로써 언어적 중개자 역할을 수행할 수도 있다. 외국인은 양 문화적인 배경을 가지고 있기 때문에 한국과 외국의 문화와 사회 간의 이해를 돕는 역할을 할 수 있다. 그들은 언어와 문화적인 차이를 이해하고 다른 사람들 간의 소통을 원활하게 돕는 데 기여한다.

　따라서 한국에 온 외국인이 한국어를 할 경우 한국인들은 그들의 노력과 열정을 인정하고 존중하며, 다양성과 포용성을 장려하는 바람직한 태도를 가져야 한다. 이를 통해 상호 이해와 문화적 교류가 증진되고 긍정적인 관계가 형성된다.

31

부록

〈코로나 시기, 학생들이 온라인 수업 마지막 날 한국어로 감사의 마음을 표현하는 모습〉

〈'모두 다 고마워요'라고 쓰인 종이를 가지고 직접 한국을 방문한 외국인 학생〉

〈한국 문화와 한국어 융합 시간 고향의 가족에게 편지 쓰기〉

〈어머니를 너무 사랑하는 효녀 유학생〉

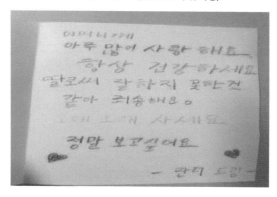

〈남편과 두 딸에게 카드를 쓴 엄마 유학생〉

〈고향에 있는 아내가 보고 싶은 학생〉

〈외국 학생이 만든 한국 지도와 무궁화 카드〉

외국인이 마주한 한국인

한국어와 한국학 교육 이야기

초판인쇄 2024년 6월 10일
초판발행 2024년 6월 10일

지은이 노정화
펴낸이 채종준
펴낸곳 한국학술정보(주)
주 소 경기도 파주시 회동길 230(문발동)
전 화 031-908-3181(대표)
팩 스 031-908-3189
홈페이지 http://ebook.kstudy.com
E-mail 출판사업부 publish@kstudy.com
등 록 제일산-115호(2000. 6. 19)

ISBN 979-11-7217-364-7 93300